유튜브 조회순으로 뽑은
아하부장 인기 요리 TOP 100

아하부장의 맛

아하부장 지음

프롬비

아하부장의 말

여러분이 더 즐겁게 요리할 수 있도록
아하부장이 달리겠습니다!

존경합니다, 여러분!

아하부장입니다.

첫 번째 책, 『요리 마법사 아하부장의 매직레시피』가

감사하게도 많은 사랑을 받았습니다.

첫 책을 낸 후, 유튜브에 소개했던 요리도

책으로 만들어달라고 요청하는 분들이 너무나 많았습니다.

유튜브 동영상을 하나하나 캡처해서 따라 한다는 분,

레시피를 모두 모은 자신만의 스크랩북을 만들었다는 분도 있었습니다.

그래서 이번 책, 『아하부장의 맛』에서는

여러분들이 가장 많이 본 유튜브 인기 요리 100개를 모았습니다.

고깃집 된장찌개, 국밥집 깍두기, 불맛 짬뽕, 특허출원 떡볶이,

대박집 닭개장, 젤리 설렁탕 등 아하부장을 대표하는 시그니처 요리만 모았으므로,

이 한 권만 있으면 '오늘 뭐 해 먹지?' 고민할 필요 없이,

전문가 뺨치는 요리를 뚝딱 만들어낼 수 있을 것입니다.

처음 유튜브를 시작했을 때가 생각납니다.

요리 유튜브를 하겠다고 했을 때,

격려해주는 사람보다 뜯어말리는 사람이 더 많았습니다.

구독자가 천 명이 안 될 때도 있었고,

하루에 구독자가 100명이나 늘어 감격했던 날도 있었습니다.

그때부터 지금까지 제가 가장 우선으로 생각하는 것은

'더 많은 사람에게 요리의 즐거움을 알리자'입니다.

요리에 꼭 굉장한 재료나 오랜 시간, 대단한 정성이 필요한 것은 아닙니다.

요리가 늘 어렵고 힘들고 복잡한 것이라면 자주 하고 싶은 사람이 있을까요?

좀 쉽고 편하게 가더라도, 식탁에 올린 음식이 내가 먹어도 정말 맛있고,

주변 사람들도 감탄의 눈빛을 보낸다면 그것만큼 기쁜 일은 없을 것입니다.

만드는 사람이 즐겁게 요리할수록 음식도 더 맛있어진다는 것,

한끗이 다른 맛은 별것 아닌 듯한 작은 차이로 결정된다 것이

저의 오랜 철학이자 믿음입니다.

우리, 이제는 스트레스 없이 요리해봅시다!

부족한 저에게 항상 아낌없는 응원과 사랑을 보내주시는 분들에게

감사의 인사를 전합니다.

유튜브에 달린 댓글 중 제가 가장 좋아하는 말이

"아하부장 따라 했더니 정말 맛있네!" "요리가 이렇게 재미있는 거였어?"입니다.

여러분들에게 이런 칭찬을 계속 듣고 싶어서라도

앞으로도 더 열심히, 아낌없이 제가 아는 모든 것을 나누겠습니다.

2021년 깊어가는 가을,

아하부장

아하부장이
즐겨 쓰는 양념과 소스

간장　아하부장이 사용하는 간장은 **진간장, 국간장, 양조간장** 세 가지입니다. 재료 소개에서 '간장'이라고만 표시한 경우, 세 가지 중 하나를 사용하면 됩니다.

소금　아하부장은 **꽃소금, 고운 소금, 굵은 소금, 맛소금**을 사용합니다. 이중 맛소금은 일반 소금에 MSG를 첨가한 것으로 요리의 감칠맛을 살려줍니다.

설탕·뉴슈가　아하부장은 **백설탕**을 주로 사용하며, 요리의 색을 내야 할 때는 **황설탕**을 쓰기도 합니다. **뉴슈가**는 사카린이라고도 부르는 인공감미료로 설탕 대비 300배의 단맛을 냅니다.

된장　아하부장은 마트에서 흔히 구입할 수 있는 재래식 된장을 사용합니다.

고추장　아하부장은 마트에서 흔히 구입할 수 있는 고추장을 브랜드를 따지지 않고 사용합니다.

고춧가루　고춧가루는 입자의 굵기에 따라 **고운 고춧가루**와 **굵은 고춧가루**로 나눌 수 있습니다. 청양고추를 말려서 빻은 **청양 고춧가루**와 베트남 고추를 말려서 빻은 **베트남 고춧가루**는 매운맛을 강조하는 요리에 사용합니다.

기름　재료 소개에서 '식용유'라고 표시한 경우, 가정에서 일반적으로 사용하는 콩기름, 포도씨유, 카놀라유 등을 사용하면 됩니다. 단, 올리브유는 특유의 향이 강해 일부 요리에만 사용합니다.

참기름·들기름　참기름과 들기름은 요리에 향과 고소함을 더하며 주로 한식 요리의 마지막 과정에 사용합니다.

요리당　음식에 단맛을 더하는 요리당으로는 올리고당과 물엿이 있으며, 두 제품 모두 설탕의 1/3 정도의 단맛을 냅니다.

요리술　요리술은 음식의 잡내를 없애기 위해 사용하며, 아하부장은 미림을 즐겨 사용합니다. 요리에 따라 정종이나 청주, 맛술을 사용할 때도 있습니다.

액젓　재료 소개에서 '액젓'이라고 표시한 경우, 까나리액젓, 멸치액젓, 참치액젓 중 하나를 사용하면 됩니다. 액젓의 종류를 구분해서 사용해야 하는 경우, 따로 표시하였습니다.

젓갈　젓갈류는 새우젓, 멸치젓 등 종류가 다양하지만, 아하부장은 가장 흔히 구입할 수 있는 '새우젓'을 주로 사용합니다.

다시다　요리에 감칠맛을 더해주는 조미료로, 주로 소고기 다시다를 사용합니다. 요리에 따라 멸치 다시다와 조개 다시다를 사용할 때도 있습니다.

미원　아하부장이 사랑하는 MSG계 조미료로, 조금만 넣어도 요리의 감칠맛이 확 살아납니다.

분말 양념　아하부장이 유튜브에서 자주 소개해서 양파 분말, 마늘 분말, 생강 분말 3총사를 구입한 분도 많을 것입니다. 요리에 향과 감칠맛을 더해주는 감초 역할을 톡톡히 합니다.

식초 아하부장이 즐겨 사용하는 **환만식초**는 화학식초가 아닌 자연발효식초라 맛이 부드럽습니다. 요리에 따라 **사과 식초**, **레몬 식초**를 사용하기도 합니다.

식용 빙초산 식용 빙초산은 음식의 강렬한 신맛을 낼 때 사용하는 순도 높은 아세트산을 희석시킨 것으로, 요리에 사용해도 안전하지만, 피부에 직접 닿지 않도록 주의해야 합니다.

엑기스류 아하부장이 즐겨 사용하는 **매실 엑기스**는 매실청, 매실액, 매실 농축액이라고도 부르며, 요리의 단맛을 낼 때 사용합니다. 요리에 따라 **파인애플 엑기스**(파인애플 농축액)와 **레몬 엑기스**(레몬 농축액)를 사용하기도 합니다.

부침가루·튀김가루 **부침가루**는 중력분에 첨가물을 넣어 풍미를 더한 것이고, **튀김가루**는 글루텐 함량이 적은 박력분을 주재료로 한 것입니다. 전을 부칠 때 부침가루와 튀김가루를 섞으면 바삭바삭한 식감을 낼 수 있습니다.

치킨 튀김가루 생강, 후춧가루 등의 향신료가 첨가된 튀김가루로, 프라이드 치킨을 만들 때 사용합니다.

베이킹파우더 빵을 부풀게 하고 풍미를 주는 팽창제입니다. 아하부장은 폭탄 계란찜을 만들 때 베이킹파우더를 사용합니다.

전분 감자, 고구마 등을 갈아서 가라앉힌 앙금을 말린 가루입니다. 요리의 농도를 걸쭉하게 조절할 때 사용합니다.

겨자 분말 겨자씨를 갈아서 가루 형태로 만든 것으로, 삭힌 겨자를 만들 때 혹은 여러 가지 소스에 활용합니다.

들깻가루 들깨를 껍질째 간 것도 있고, 껍질을 벗겨서 간 탈피 들깻가루도 있습니다. 가정에서는 주로 껍질을 벗겨 곱게 간 것을 사용합니다.

캡사이신 고추에서 추출한 화합물로, 강력한 매운맛을 내는 조미료입니다. 액상과 분말 형태, 두 가지 종류가 있습니다.

돈우골 엑기스 돼지뼈·소뼈 농축액을 고체 형태로 가공한 것으로, 사용량에 따라 맑은 국물부터 진한 국물까지 다양한 맛을 낼 수 있습니다.

사골 농축액 사골을 직접 우린 듯 진한 사골 맛이 나는 농축액으로, 빠르고 간편하게 완벽한 국물 맛을 낼 수 있습니다.

중국식 양념과 소스

굴소스 굴을 원재료로 만든 중국식 소스로, 해산물 요리, 닭 요리 등에 다양하게 활용할 수 있습니다.

짬뽕다시 물에 타서 사용하는 분말 형태의 조미료로, 중국식 요리의 국물 맛을 낼 때 사용하면 좋습니다.

춘장 콩에 소금을 섞어 발효시킨 다음 캐러멜색소를 넣어 숙성시킨 것으로 짜장 소스를 만들 때 꼭 필요한 재료입니다. 볶은 춘장, 고형 춘장 등 여러 가지 종류가 있지만, 아하부장은 종류를 따지지 않고 사용합니다.

노두소스 콩을 주재료로 만든 중국식 간장으로 쌍노두, 노추, 다크 소이소스라 부르기도 합니다. 캐러멜이 들어 있어 다른 간장에 비해 색이 진하므로, 음식의 맛깔스러운 색을 낼 때 사용하면 좋습니다.

XO소스 중국 요리에 고급스러운 맛을 더해주는 소스로, 해산물을 곱게 갈아 기름에 튀긴 다음 고추씨 기름에 다시 볶은 것입니다.

두반장 우리의 고추장과 비슷한 중국식 장으로, 콩을 주재료로 만들어 짭짤하면서도 매콤한 맛이 납니다. 다양한 중국식 요리에 사용할 수 있습니다.

해선장 대두, 고구마, 향신료 등을 주재료로 만든 소스로, 중국식 볶음 요리, 고기 요리, 국수 요리, 디핑 소스 등에 활용합니다.

피시소스 피시소스는 생선 액젓을 발효시켜 만든 소스로 베트남 요리나 태국 요리에 주로 사용합니다.

고추기름·화유 고추기름은 요리에 특유의 고추 향을 더해줍니다. 화유는 불맛과 불 향이 나는 기름으로 중국식 요리의 마지막 과정에 첨가합니다.

서양식 양념과 소스

생크림·휘핑크림 생크림과 휘핑크림 모두 우유에서 지방을 분리한 것으로, 지방 함량을 높여 거품이 잘 나도록 한 것이 휘핑크림입니다.

치킨스톡 닭을 주재료로 한 서양식 조미료로 우리의 다시다와 비슷한 역할을 합니다. 분말과 고체, 두 가지 형태가 있으며, 짠맛이 강한 편이므로 양을 잘 조절해야 합니다.

카이엔페퍼 생칠리를 말려서 빻은 향신료로, 육류 요리에 매운맛을 첨가하는 용도로 사용합니다.

케이준 스파이스 미국 남부로 이주한 프랑스인들의 요리 방식에서 유래한 양념으로, 짭짤하면서도 약간 매콤한 맛이 납니다. 아하부장은 닭 요리를 할 때 주로 사용합니다.

바비큐 소스 야채와 식초, 조미료, 향신료로 만든 매콤한 소스로 주로 고기 표면에 발라 맛을 내는 용도로 사용합니다.

타바스코 소스 톡 쏘는 매콤한 맛이 나는 '핫소스'로, 주로 음식의 느끼함을 없애기 위해 사용합니다.

스리라차 소스 타바스코 소스와 함께 미국의 대표적인 '핫소스' 중 하나입니다. 타바스코 소스보다 시큼한 맛이 덜하고 케첩과 비슷한 질감을 갖고 있으며 동서양 요리 모두에 잘 어울립니다.

땅콩버터 땅콩을 갈아 만들었으며, 고소하고 담백한 맛과 뻑뻑한 질감이 특징입니다.

홀 그레인 머스터드 겨자씨에 식초와 향신료를 첨가해 만든 향신료입니다. 각종 소스나 드레싱을 만들 때 사용하며, 구운 고기에 곁들여 먹기도 합니다.

베이크드 빈 토마토 소스에 콩을 넣어 삶은 것으로, 부대찌개에 넣거나 걸쭉한 소스를 만들 때 사용합니다.

오레가노 가루 톡 쏘는 박하향이 나는 허브 식물로, 말려서 향신료로 사용합니다.

바질 가루 바질잎은 요리에 그대로 사용하기도 하지만, 말린 후 빻아서 가루 형태의 향신료로 사용하기도 합니다.

일본식 양념과 소스

혼다시 가다랑어포를 주재료로 만든 조미료로, 물에 조금만 녹여도 감칠맛이 확 올라오기 때문에 일본식 국물 요리에 사용하면 좋습니다.

시치미 말린 고춧가루와 여러 향신료를 혼합한 일본의 대표적인 양념입니다.

가다랑어포 가다랑어 살을 저며 찐 다음 건조해서 만든 가공식품입니다. 주로 육수를 낼 때 사용하며, 해물 요리 위에 뿌리는 고명으로도 사용합니다.

아하부장의
참 쉬운 계량법

맛있는 요리는 정확한 계량에서부터 시작됩니다. 특히 양념이나 소스는 아하부장이 알려드리는 용량을 잘 지켜야 똑떨어지는 맛을 낼 수 있습니다. 계량이 두렵다고요? 다이소에서 판매하는 저렴이 계량 세트 하나만 준비하세요. 당신도 충분히 전문가의 맛을 낼 수 있습니다!

이 책은 아하부장의 유튜브 동영상 중 가장 인기 많은 요리를 모은 것입니다. 책과 유튜브를 함께 보며 요리하기 좋도록 유튜브의 재료 계량법을 책에도 그대로 소개했습니다. 대부분의 요리는 계량스푼과 계량컵을 사용하지만, 요리에 따라서 밥숟가락과 종이컵을 사용한 경우도 있습니다. 이때 '1숟갈'은 밥숟가락에 재료를 봉긋하게 가득 담은 것이고, '1종이컵'은 종이컵에 재료를 가득 담은 것입니다.

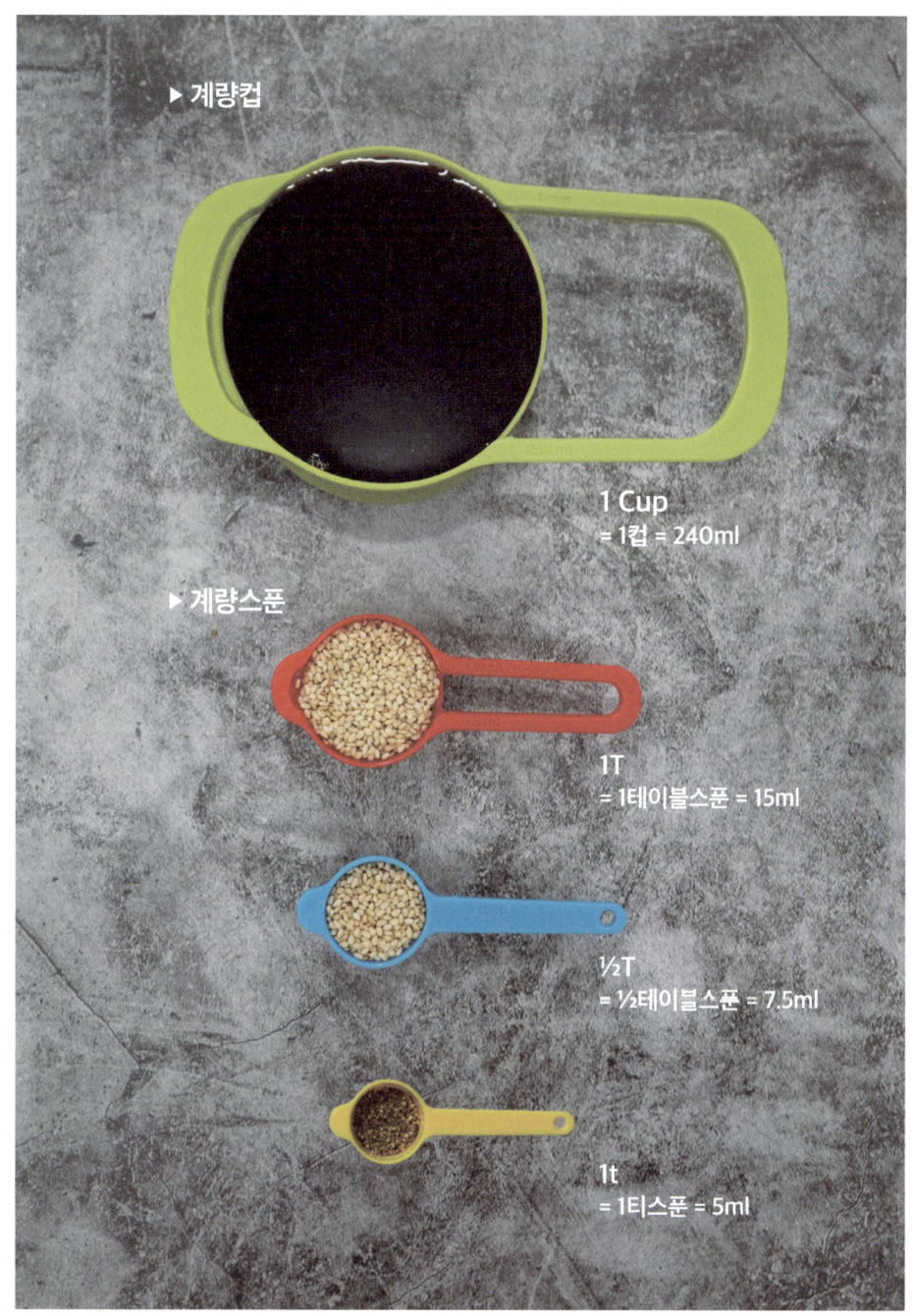

『아하부장의 맛』 사용 설명서

유튜브 조회순으로 뽑은
TOP 100 인기 메뉴를 소개합니다.
2021년 7월을 기준으로 한 순위입니다.

한 번에 두 가지 혹은
그 이상의 요리를 소개하는 경우,
'일타쌍피 요리' 마크를 붙였습니다.
요리 과정에서 여러 가지 레시피를
함께 소개하기도 하고,
233p.의 <부록>에 따로 싣기도 했습니다.

요리 과정에서 알려드리지 못한
유용한 팁을 따로 담았습니다.

아하부장이 특히 자신 있는 메뉴,
'이 요리만큼은 꼭 해봐야 한다'고
추천하고 싶은 요리에는
'**아하부장 필살기**' 마크를 붙였습니다.

기본 재료와 양념(소스)을 구분하여 소개합니다.
아하부장의 양념과 소스는
여러 가지 요리에 활용할 수 있는 것이 많으므로,
대부분 넉넉한 분량으로 알려드립니다.
냉장 혹은 냉동 보관하며 사용하세요!

QR코드를 찍으면 아하부장의 유튜브
요리 동영상을 확인할 수 있습니다.
책과 동영상을 함께 보면 요리가 더욱 쉬워집니다.

차례

아하부장의 말
여러분이 더 즐겁게 요리힐 수 있도록 아하부장이 달리겠습니다! • 005

아하부장이 즐겨 쓰는 양념과 소스 • 008
아하부장의 참 쉬운 계량법 • 014
『아하부장의 맛』 사용 설명서 • 016

아하부장의 첫 번째 맛
TOP 01 ~ TOP 25

TOP 01	고깃집 시그니처 된장찌개	026
TOP 02	아삭아삭 국밥집 깍두기	028
TOP 03	화끈한 불맛 짬뽕	030
TOP 04	특허출원 초간단 떡볶이	032
TOP 05	뽀얀 국물 젤리 설렁탕	034
TOP 06	돼지고기 김치찌개	036
TOP 07	춘천식 닭갈비	038
TOP 08	꿀맛 빨간 양념치킨	040
TOP 09	단짠단짠 간장치킨	042
TOP 10	바삭바삭 해물파전	044
TOP 11	10분 완성 겉절이	046
TOP 12	제대로 만든 잔치국수	048
TOP 13	고슬고슬 새우볶음밥	050
TOP 14	갈비탕과 갈비찜	052
TOP 15	충청도식 비빔냉면	054
TOP 16	탱글탱글 닭볶음탕	056
TOP 17	쫀득한 전문점 족발	058
TOP 18	대박집 닭개장	060
TOP 19	비법전수 낙지볶음	062
TOP 20	끝판왕 볶음밥	064
TOP 21	전설의 백년 짜장	066
TOP 22	두 가지 맛 감자탕	068
TOP 23	마법의 보쌈	070
TOP 24	새콤달콤 간장비빔국수	072
TOP 25	세 가지 맛 불고기	074

아하부장의 두 번째 맛
TOP 26 ~ TOP 50

- TOP 26　밥도둑 무나물 무생채　· 078
- TOP 27　휴게소 소고기국밥　· 080
- TOP 28　전주식 콩나물국밥　· 082
- TOP 29　신당동 떡볶이와 어묵탕　· 084
- TOP 30　포장마차 김치우동　· 086
- TOP 31　바다의 맛 연어장　· 088
- TOP 32　강릉식 장칼국수　· 090
- TOP 33　대왕 계란말이　· 092
- TOP 34　한끗이 다른 우동과 소바　· 094
- TOP 35　겉바속촉 돈가스　· 096
- TOP 36　아삭이 총각무 김치　· 098
- TOP 37　분식집 쫄면　· 100
- TOP 38　한국인의 소울 푸드 제육볶음　· 102
- TOP 39　삼겹살 한 상 세트　· 104
- TOP 40　참 부드러운 돼지갈비　· 106
- TOP 41　샤브샤브 칼국수　· 108
- TOP 42　닭 한 마리 칼국수　· 110
- TOP 43　대구식 볶음 짬뽕　· 112
- TOP 44　시원한 김치말이 국수　· 114
- TOP 45　육향 가득 물냉면　· 116
- TOP 46　쫄깃쫄깃 콩나물 아귀찜　· 118
- TOP 47　구수한 누룽지 삼계탕　· 120
- TOP 48　황금 양념 국물 불고기　· 122
- TOP 49　라면만큼 쉬운 쌀국수　· 124
- TOP 50　초간단 순댓국　· 126

아하부장의
세 번째 맛
TOP 51 ~ TOP 75

TOP 51	한정식집 잡채	130
TOP 52	두 가지 스타일 불고기덮밥	132
TOP 53	보들보들 매운 갈비찜	134
TOP 54	매콤달콤 오징어덮밥	136
TOP 55	바삭 촉촉 매운 깐풍기	138
TOP 56	고깃집 폭탄 계란찜	140
TOP 57	살이 꽉 찬 간장게장	142
TOP 58	남대문식 닭곰탕과 닭죽	144
TOP 59	단짠의 조화 안동찜닭	146
TOP 60	별미 회냉면	148
TOP 61	백 점 만점 육개장	150
TOP 62	비범한 바지락 칼국수	152
TOP 63	소고기뭇국 소고기구이	154
TOP 64	포장마차 두부김치	156
TOP 65	황금 소스 탕수육	158
TOP 66	주꾸미볶음과 세 친구	160
TOP 67	화끈한 국물 닭빝	162
TOP 68	깻잎순 순대볶음	164
TOP 69	환상의 마파두부	166
TOP 70	고춧잎 갈치조림	168
TOP 71	통영의 맛 충무김밥	170
TOP 72	한국식 카르보나라	172
TOP 73	얇튀속촉 후라이드치킨	174
TOP 74	HOT! 레드치킨	176
TOP 75	짜장 떡볶이 짜장 라면	178

아하부장의
네 번째 맛
TOP 76 ~ TOP 100

TOP 76	여름 별미 콩국수	• 182
TOP 77	만능 양념장 오리 주물럭	• 184
TOP 78	사골국물 일본식 라면	• 186
TOP 79	색다른 맛 태국식 덮밥	• 188
TOP 80	명동칼국수와 겉절이	• 190
TOP 81	5분 완성 소시지 카레	• 192
TOP 82	맛 보장 꼬막무침	• 194
TOP 83	파김치와 양념게장	• 196
TOP 84	아하부장표 로제 떡볶이	• 198
TOP 85	가성비 왕 코다리찜	• 200
TOP 86	명품 떡만둣국	• 202
TOP 87	화끈한 실비김치	• 204
TOP 88	원조의 맛 부대찌개	• 206
TOP 89	칼칼한 고등어조림	• 208
TOP 90	장조림 소스 볶음 우동	• 210
TOP 91	무적의 소고기 초밥	• 212
TOP 92	육즙 팡팡 떡갈비	• 214
TOP 93	분식의 꽃 불고기 김밥	• 216
TOP 94	입맛 돋는 소라무침	• 218
TOP 95	벌꿀 가득 허니 치킨	• 220
TOP 96	얼큰이 동태탕	• 222
TOP 97	돼지고기 순두부찌개	• 224
TOP 98	굿모닝 에그 샌드위치	• 226
TOP 99	마성의 카레 꽃게찜	• 228
TOP 100	호텔식 닭고기덮밥	• 230

부록
일타쌍피 요리

일타쌍피 01	김치 돼지고기 된장찌개	• 234
일타쌍피 02	떡볶이 양념 닭볶음탕	• 235
일타쌍피 03	서산 김치찌개	• 236
일타쌍피 04	포장마차 국수	• 237
일타쌍피 05	초간단 족발 덮밥	• 238
일타쌍피 06	추억의 간짜장	• 239
일타쌍피 07	순두부 고추장찌개	• 240
일타쌍피 08	총각무 볶음밥	• 241
일타쌍피 09	10분 완성 찜닭	• 242
일타쌍피 10	일품 잡채 덮밥	• 243
일타쌍피 11	게살 계란 수프	• 244
일타쌍피 12	태국식 공심채 볶음	• 245
일타쌍피 13	마성의 꽃게탕	• 246
기본 육수	아하부장 닭육수	• 247

TOP_01 ~ TOP_25

고깃집 시그니처 된장찌개 • 아삭아삭 국밥집 깍두기 • 화끈한 불맛 짬뽕 • 특허출원 초간단 떡볶이 • 뽀얀 국물 젤리 설렁탕 • 돼지고기 김치찌개 • 춘천식 닭갈비 • 꿀맛 빨간 양념치킨 • 단짠단짠 간장치킨 • 바삭바삭 해물파전 • 10분 완성 겉절이 • 제대로 만든 잔치국수 • 고슬고슬 새우볶음밥 • 갈비탕과 갈비찜 • 충청도식 비빔냉면 • 탱글탱글 닭볶음탕 • 쫀득한 전문점 족발 • 대박집 닭개장 • 비법전수 낙지볶음 • 끝판왕 볶음밥 • 전설의 백년 짜장 • 두 가지 맛 감자탕 • 마법의 보쌈 • 새콤달콤 간장비빔국수 • 세 가지 맛 불고기

> TOP 01

고깃집
시그니처 된장찌개

아하부장
필살기

일타쌍피
요리

'인생 된장찌개' 요리법을 찾아 헤매는 분들 많으시죠?
아하부장의 필살기인 된장 육수만 있다면, 유명 고깃집에서 감탄하며 먹던
똑떨어지는 된장찌개를 완성할 수 있습니다.
여러분의 식탁을 빛낼 요리로 선택해보세요.

재료(1인분)   두부 40g, 애호박 40g
         양파 40g, 대파 20g

된장 육수   물 6컵, 다시마 10g(1장), 다진 마늘 1T
       재래 된장 3T, 소고기 다시다 1T
       미원 ½T, 혼다시 혹은 조개 다시다 1T
       설탕 ½T, 후춧가루 1t

▶ 유튜브 영상

1. 두부는 네모 모양으로, 애호박은 반달 모양으로 얇게 썰고, 양파는 작게 썬다. 대파는 송송 썬다.
2. 먼저 된장 육수를 끓인다. 냄비에 육수 재료를 모두 담아 된장이 잘 풀어지도록 저으며 끓이다가 팔팔 끓기 시작하면 불을 끈다.
3. 뚝배기에 된장 육수(1과½컵)와 썰어둔 두부, 야채를 담는다.
4. 중간 불로 끓이다가 보글보글 끓으면 불을 끈다.

된장 육수는 넉넉하게 끓여 냉동 보관하다가 된장찌개를 끓일 때 물을 조금 더 넣어 사용하면 좋습니다. 김치를 넣어 김치 된장찌개로, 차돌박이를 넣어 차돌 된장찌개로, 돼지고기를 넣어 돼지고기 된장찌개로, 취향에 따라 즐겨 보세요.

TOP 02

아삭아삭
국밥집 깍두기

초등학생도 만들 수 있는 쉬운 깍두기입니다. 맛집으로 유명한 국밥집에서
"이 집 깍두기 아삭아삭 너무 맛있다!"고 외쳤던 그 맛을 여러분도 똑같이 낼 수 있습니다.
별스러운 재료 없이도 기가 막힌 깍두기를 만드는 비결, 지금부터 알려드립니다.

재료
무 3개(2.5kg)
찹쌀풀(물 1컵+찹쌀가루 1+ ½T)

양념
굵은 고춧가루 12T, 액젓 8T
꽃소금 1T, 설탕 6T
사이다 혹은 물 4T, 다진 마늘 8T
미원 ½T

 유튜브 영상

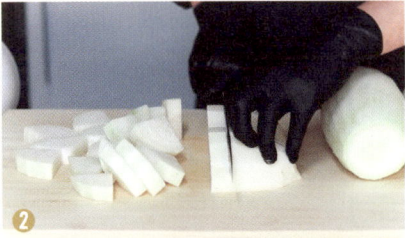
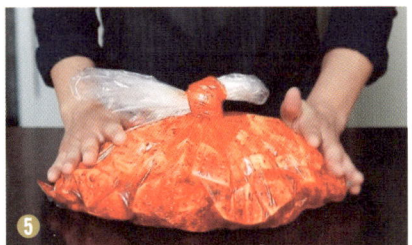
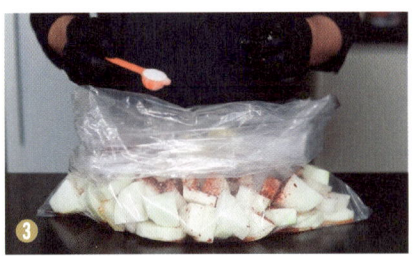
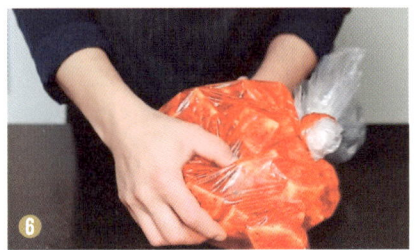

1 먼저 찹쌀풀을 만든다. 냄비에 물과 찹쌀가루를 잘 저으며 끓인다. 가운데까지 보글보글 끓기 시작하면 10초 정도 더 끓인 후 상온에서 식힌다.

2 무는 4등분한 다음 1cm 두께로 썬다.

3 무를 김장용 비닐 팩에 담고, 양념 재료도 모두 넣는다.

4 식혀둔 찹쌀풀을 붓는다.

5 재료가 잘 섞일 수 있도록 손으로 골고루 버무린 다음, 공기를 빼고 입구를 풀기 쉽게 묶는다.

6 양념이 무에 전체적으로 골고루 묻을 수 있게 비닐 팩을 뒤집어 가며 익힌다. 새콤한 냄새가 올라올 때까지 익혀서 먹는다.

깍두기를 만들 때 비닐 팩을 사용하는 이유가 있습니다. 플라스틱 용기에 담으면 무에서 물이 빠지기 시작하면서 위쪽과 아래쪽에 양념이 균일하게 묻지 않아요. 그러면 통을 여러 번 열어 무를 뒤집어줘야 합니다. 비닐 팩을 사용하면 무를 뒤집기도 편하고, 양념이 골고루 묻도록 손으로 섞을 수도 있어 플라스틱 용기에서 익힐 때보다 균일한 맛을 낼 수 있습니다.

TOP 03

화끈한 불맛 짬뽕

왜 집에서 짬뽕을 끓이면 전문점에서 먹는 그 맛이 나지 않을까요?
아하부장의 요리법만 잘 따라 하면 불맛이 살아 있는 전문점의 짬뽕 맛을 낼 수 있습니다.
화끈한 매운맛이 생각나는 날, 도전해보세요!

재료(3인분)
냉동 짜장면 1개, 돼지고기(삼겹살) 100g, 배추 200g, 양파 1개
청양고추 2개, 대파 1뿌리, 부추 약간, 당근 ⅓개, 애호박 ⅓개
바지락살 50g, 홍합살 50g, 새우 10마리, 오징어 ⅓마리
고추기름 2숟갈, 식용유 2숟갈, 다진 마늘 1숟갈
고춧가루 2숟갈, 간장 1숟갈, 청주 혹은 정종 1숟갈
미원 1꼬집, 치킨스톡 1숟갈, 굴소스 1숟갈, 후춧가루 약간, 화유 2숟갈

육수
짬뽕다시 2숟갈, 물 1+ ½L

유튜브 영상

1. 돼지고기, 배추, 양파는 길게 채 썰고, 청양고추와 대파는 어슷하게, 부추는 5cm 길이로 썬다. 당근과 애호박은 길고 납작하게 썬다.
2. 물에 짬뽕다시를 잘 섞어 육수를 만든다.
3. 팬에 고추기름과 식용유를 함께 두른 다음 다진 마늘을 익을 때까지 볶다가 돼지고기를 넣어 볶는다.
4. 배추, 양파, 고추, 대파를 넣고 볶다가 야채가 살짝 익으면 고춧가루, 간장, 청주를 넣어 고춧가루가 타지 않게 잘 섞는다.
5. 육수를 재료가 자작하게 잠길 정도로 부어 중간 불로 끓이다가, 팔팔 끓기 시작하면 센 불로 3분 더 끓인다.
6. 남은 육수를 모두 붓고, 미원, 치킨스톡, 굴소스, 후춧가루를 넣고 끓인다. 당근과 애호박, 해산물도 넣어 끓을 때까지 둔다.
7. 면을 끓는 물에 잘 풀어서 삶은 다음 차가운 물에 헹군다.
8. 6의 당근과 애호박이 완전히 익으면 화유를 뿌려 잘 섞는다. 그릇에 면과 함께 담는다.

TOP 04

특허출원
초간단 떡볶이

아하부장의 필살기, '마법의 빨간 양념'을 만나볼 수 있는 레시피입니다.
이 양념만 있다면 특별한 재료 없이도 떡볶이를 라면보다 쉽게,
유명 떡볶이 전문점보다 더 맛있게 만들 수 있습니다.

재료(1인분) 떡볶이 떡 200g, 양념 2T
어묵 약간, 대파 약간, 쫄면 사리 1인분

양념 고운 고춧가루 8T, 청양 고춧가루 혹은 고춧가루 4T
설탕 10T, 찹쌀가루 혹은 전분 2T
후춧가루 ½T, 맛소금 1T, 미원 1T, 소고기 다시다 2T
치킨스톡 혹은 소고기 다시다 2T, 양파 분말 2T

유튜브 영상

1 깨끗한 비닐 팩을 준비한다.
2 비닐 팩에 양념 재료를 모두 넣은 다음, 공기를 넣은 상태에서 입구를 잘 잡고 2분 정도 흔든다.
3 팬에 떡과 물 1컵을 중간 불로 끓이기 시작한다.
4 양념(2T)을 넣고 잘 섞는다.
5 물이 끓기 시작하면, 어묵을 먹기 좋은 크기로 썰어 넣고 물 ½컵을 추가한다.
6 대파를 크게 잘라 넣고, 마지막으로 쫄면 사리를 넣어 1분 정도 더 끓인다.

- 떡볶이 양념은 6개월에서 1년 정도 맛의 변화나 변질 없이 냉동 보관이 가능하므로, 넉넉하게 만들어 닭볶음탕, 제육볶음 등 다양한 요리에 활용해보세요.
- 입자가 곱고 색깔이 예쁜 태양초 고춧가루를 사용하면 요리의 완성도가 높아집니다.
- 물의 양에 따라 국물 떡볶이로도, 자작한 떡볶이로도 즐길 수 있으니 취향에 따라 요리해보세요.

TOP 05

뽀얀 국물
젤리 설렁탕

설렁탕을 좋아하는 분들의 가슴을 뛰게 할 소식입니다.
핏물 빼기 같은 복잡한 과정 없이도 맛있는 설렁탕을 만드는 비법을 공개합니다.
28p.의 '아삭아삭 국밥집 깍두기'와 함께 먹으면 정말 맛있습니다.

재료
우사골 6kg, 소고기(양지) 500g
삶은 소면 1인분
송송 썬 대파 약간
맛소금 약간, 후춧가루 약간, 미원 약간

양념장
진간장 ½T, 미림 ½T
식초 1t, 연겨자 혹은 고추냉이 약간
송송 썬 대파 약간

 유튜브 영상

1. 양지는 차가운 물에 담가두고, 사골은 15L 크기의 냄비에 담아 물(10L 이상)을 푹 잠기게 붓고 센 불로 끓인다.
2. 주걱으로 바닥까지 저으며 거품과 불순물을 걷어낸다. 끓기 시작하면 15분간 더 끓인다.
3. 깨끗한 싱크대에 사골을 부어 씻는다. 기름을 떼어낸 고기는 따로 모으고, 구멍에 있는 불순물도 떼어내 깨끗이 씻는다.
4. 냄비를 씻어 사골을 다시 담고 물을 푹 잠기도록 붓는다. 떼어둔 고기, 양지도 함께 끓인다.
5. 팔팔 끓으면 거품과 기름을 건져내고 뼈가 드러날 때까지 끓인다(대략 2시간).
6. 양지는 건져내고, 국물을 보관할 용기 위에 거름망을 올려 국물만 걸러낸다.
7. 다시 물을 부어 뼈가 드러날 때까지 끓이다가 거름망에 국물을 걸러낸다. 이 과정을 두 번 더 반복하여 국물을 낸다.
8. 뚝배기에 국물(600ml)과 고기, 얇게 썬 양지를 끓이다가 삶은 소면, 대파를 올리고 맛소금, 후춧가루, 미원으로 간을 한다. 양념장을 만들어 고기를 찍어 먹는다.

TOP 06

돼지고기 김치찌개

일타쌍피 요리

"이야! 요리 좀 하네."라는 칭찬이 돌아오는 김치찌개 요리법을 알려드립니다.
김치찌개에는 시큼한 냄새가 확 올라오는 잘 익은 김치를 쓰는 것이 중요합니다.
잘 익은 김치를 준비했다면 나머지는 아하부장만 믿고 따라 해보세요.

재료(3인분) 대파 1뿌리(40g), 청양고추 2개
 양파 ½개(130g), 두부 ½모
 돼지고기(전지) 300g
 콩나물 150g, 잘 익은 김치 500g
 김칫국물 100g, 다진 마늘 1T
 굵은 고춧가루 2T

양념 미림 2T, 정종 2T, 소고기 다시다 1T
 미원 1t, 액젓 ½T

유튜브 영상

1. 대파와 청양고추는 어슷하게 썰고, 양파와 두부는 0.5cm 두께로 얇게 썬다.
2. 돼지고기는 껍질이 있는 상태로 1cm 두께로 썬다.
3. 먼저 깨끗이 씻은 콩나물을 냄비에 잘 펴서 담고 그 위에 돼지고기를 올린다.
4. 먹기 좋게 썬 김치와 김칫국물을 넣고 다진 마늘과 고춧가루도 넣는다.
5. 양념 재료를 모두 넣고, 물 700g과 청양고추, 양파를 넣어 끓인다.
6. 팔팔 끓기 시작하면 두부와 대파를 넣고 10분간 더 끓여 완성한다.

TOP 07
춘천식 닭갈비

닭갈비 먹으러 춘천까지 갈 필요 없습니다.
춘천의 닭갈비 맛집에서 즐기는 바로 그 맛을 집에서도 낼 수 있습니다.
한국인이 가장 좋아하는 식감의 닭 허벅지살을 쓰는 것과 똑떨어지는 맛의 소스,
이 두 가지가 아하부장표 닭갈비의 비법입니다.

재료(3인분) 닭고기(허벅지살) 600g, 대파 100g, 깻잎 10장
양배추 ⅛개(500g), 양파 ½개(200g), 떡볶이 떡 20개
고구마 ½개(200g), 식용유 ⅓종이컵, 참기름 1숟갈

양념 설탕 3숟갈, 고춧가루 3숟갈, 소고기 다시다 1숟갈
후춧가루 약간, 간장 5숟갈, 굴소스 1숟갈, 고추장 2숟갈
카레 분말 1숟갈, 잘게 썬 마늘 6개, 갈아만든 배 ⅔종이컵

 유튜브 영상

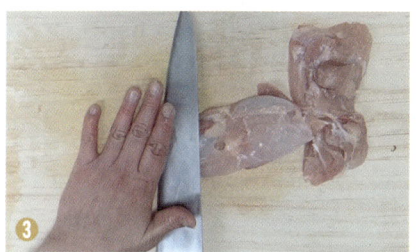

1. 대파는 어슷하게 썰고(뿌리는 송송 썰어눈나), 깻잎은 반으로 자른다. 양배추는 심을 잘라 채 썬다. 양파는 도톰하게 채 썰고, 떡은 물에 불려둔다.
2. 고구마는 껍질을 벗겨 스틱 모양으로 썬다.
3. 닭고기는 지방을 떼어내 먹기 좋은 크기로 자른다.
4. 큰 볼에 양념 재료를 모두 담아 잘 섞는다. 2시간 정도 상온 숙성하면 더 맛있다.
5. 양념에 닭고기를 버무려 20분 정도 재운다.
6. 팬에 식용유를 둘러 고구마, 양배추, 양파, 대파, 떡을 볶다가 닭고기도 넣어 중간 불에서 볶는다.
7. 재료가 바닥에 눌어붙지 않게 물(⅓종이컵)을 가장자리에 붓고, 재료를 뒤집으며 섞는다.
8. 야채의 숨이 죽으면 센 불로 더 볶다가 고구마와 닭고기가 완전히 익으면, 깻잎과 송송 썬 대파를 올리고 참기름을 뿌려 완성한다.

TOP 08

꿀맛
빨간 양념치킨

유명 프랜차이즈 치킨집의 빨간 양념치킨을 집에서 직접 만들어볼까요?
아하부장표 양념치킨 소스의 비결은 맵고 달고 새콤한 맛을 조화롭게 잘 잡은 것입니다.
한국인이라면 누구나 좋아하는 빨간 양념치킨, 오늘 밤 맥주 한 잔과 함께 즐겨보세요.

재료(2인분)	닭 1마리, 치킨 튀김가루 100g
소스	케첩 200ml, 물엿 400ml, 고추장 100g, 설탕 200g, 고춧가루 100g 간장 100g, 다진 마늘 100g, 후춧가루 2g, 돈가스 소스 100g, 딸기잼 50g
밑간 양념	설탕 30g, 케이준 스파이스 30g, 간장 50g, 식용유 50g 다진 마늘 50g, 후춧가루 10g
튀김 반죽	치킨 튀김가루 150g, 물 150g

  유튜브 영상

1. 소스를 만들기 위해 큰 볼에 소스 재료를 모두 담아 잘 섞는다.
2. 냄비에 물 100g과 **1**의 소스를 바글바글 끓인 다음 식힌다.
3. 닭을 먹기 좋은 크기로 자른 다음 밑간 양념 재료와 함께 잘 버무린다.
4. 큰 볼에 튀김 반죽 재료를 담아 거품기로 잘 젓는다.
5. 튀김 반죽에 밑간 양념한 닭을 넣고 잘 섞는다.
6. 넓은 판에 치킨 튀김가루를 편 다음 닭에 튀김가루를 골고루 묻힌다.
7. 냄비에 기름을 부어 온도를 올린다. 반죽을 살짝 떨어트려 3초 정도 후에 떠오르면 닭을 하나씩 넣고 10분 정도 튀긴다.
8. 잘 튀겨진 닭을 큰 볼에 담고 소스와 함께 골고루 버무려 완성한다.

TOP 09

단짠단짠 간장치킨

맛있는 간장치킨의 포인트는 닭고기를 밑간 양념하는 방법입니다.
모든 요리가 마찬가지겠지만, 특히 닭 요리는 밑간이 잘 되면 맛이 없을 수 없습니다.
간장치킨 전문점에서 먹어본 그 맛, 집에서도 얼마든지 가능하다는 것을 보여드립니다.

재료(2인분)	닭고기(허벅지살) 600g, 송송 썬 쪽파 1뿌리, 참깨 약간
밑간 양념	간장 1숟갈, 설탕 1숟갈, 치킨스톡 1숟갈, 양파 분말 1숟갈, 카이엔페퍼 1숟갈 소금 1숟갈, 마늘 분말 1숟갈, 식초 2숟갈, 후춧가루 약간, 물 1L
소스	길게 썬 쪽파 1뿌리, 설탕 ½종이컵, 간장 ½종이컵, 요리당 ½종이컵 돈가스 소스 ½종이컵, 베트남 고추 5개, 양파 분말 1숟갈, 마늘 분말 1숟갈 치킨스톡 1숟갈, 물 5종이컵
튀김옷	밀가루 1종이컵, 감자전분 ½종이컵, 소금 1t

  유튜브 영상

1. 먼저 닭을 손질한다. 기름을 잘라내고 먹기 좋은 크기로 큼직하게 자른다.
2. 밑간 양념 재료를 잘 섞어 닭과 함께 버무린 다음 4시간 정도 냉장실에 둔다.
3. 팬에 소스 재료를 모두 담아 바글바글 끓이다가 불을 끄고 식힌다.
4. 2를 꺼내 국물은 체에 걸러 버린다. 비닐 팩에 튀김옷 재료를 모두 담아 흔들어 섞은 다음, 닭도 함께 넣고 잘 흔들어 버무린다.
5. 기름을 예열한 다음 가루를 털어낸 닭을 하나씩 넣고 불을 약간 줄여 4분간 튀긴다.
6. 튀긴 닭은 기름을 충분히 빼고, 기름 온도가 올라가게 기다렸다가 불을 가장 센 불로 올려 4분간 다시 튀긴 후 기름을 뺀다.
7. 소스(2종이컵)를 팬에 담고, 설탕 1숟갈을 추가하여 소스의 양이 ⅔로 졸아들 때까지 끓인다.
8. 소스가 바글바글 끓으면 튀긴 닭을 넣고 빠르게 저으며 버무린다. 송송 썬 쪽파와 참깨를 뿌려 완성한다.

TOP 10

바삭바삭 해물파전

파전을 더 맛있고, 더 바삭바삭하게 만드는 비결을 알고 싶으세요?
아하부장과 함께라면 간단한 재료로도 최고의 맛을 낼 수 있습니다.
바삭바삭한 파전을 만드는 비밀이 레시피 속에 숨어 있으니 잘 따라 해보세요.

재료(2인분)
쪽파 100g
청양고추 3개
냉동 칵테일 새우 250g
부침가루 4T, 튀김가루 4T
얼음물 8T
계란 1개
식용유 4T

유튜브 영상

1. 쪽파는 하얀 뿌리 부분을 길게 가른 다음 반으로 자른다. 청양고추는 송송 썰고, 새우는 씻어서 물기를 뺀다.
2. 큰 볼에 부침가루, 튀김가루, 얼음물, 계란을 잘 섞은 다음 쪽파를 넣고 섞는다.
3. 넓은 팬에 식용유를 듬뿍 두르고, 불은 중간 불로 조절하여 충분히 달군다. 반죽을 살짝 떨어트렸을 때 튀김처럼 바로 올라오면 반죽을 팬 가운데 부어 뒤집개로 잘 펴서 얇게 모양을 잡는다.
4. 새우를 골고루 올린 다음 뒤집개로 반죽을 꽉꽉 누르고, 가운데가 타지 않도록 가장자리를 누른 상태로 반죽을 조금씩 돌린다.
5. 반죽을 뒤집어서 프라이팬 손잡이를 잡고 살살 흔든다. 불을 살짝 줄이고, 반죽을 눌러주며 조금씩 돌린다. 이때 기름을 좀 더 둘러도 좋다.
6. 다시 뒤집은 다음 1분 정도 더 굽는다. 파전을 찍어 먹을 양념장은 간장, 설탕, 식초를 같은 비율로 섞은 다음 고춧가루 약간과 송송 썬 대파를 넣어 만든다.

파전 위에 루콜라를 잔뜩 올리고, 타바스코 소스를 뿌려 먹으면 '한국식 새우 피자'로 업그레이드할 수 있습니다.

TOP 11

10분 완성 겉절이

10분 안에 만들 수 있는 쉬운 겉절이입니다.
김치 장인들이 엄청난 공을 들여 만든 김치와 비교해도 결코 모자람이 없는 맛입니다.
김치를 너무 어렵게만 생각했던 분들도 이제 자신감을 가지세요!

재료(2인분)   배추 500g, 설탕 3T
　　　　　　　 소금 1T, 물 2T
　　　　　　　 찹쌀풀(물 1컵+찹쌀가루 1+½T)

소스　　　　 깍뚝썰기한 무 200g, 물 1컵
　　　　　　　 굵은 고춧가루 1컵
　　　　　　　 액젓 1컵, 미원 2T, 설탕 ½컵
　　　　　　　 다진 마늘 3T, 채 썬 무 약간

 유튜브 영상

1. 먹기 좋은 크기로 자른 배추와 설탕, 소금, 물을 큰 볼에 담고 잘 버무려 10분 정도 둔다.
2. 소스를 만들기 위해 먼저 깍둑썰기한 무와 물 1컵을 믹서에 간다.
3. 나머지 소스 재료와 함께 잘 섞는다. 소스는 넉넉한 양이므로 냉장 보관하며 필요할 때마다 사용하면 좋다.
4. 1의 절인 배추를 흐르는 물에 씻어 물기를 뺀다.
5. 찹쌀풀을 만들기 위해 물과 찹쌀가루를 거품기로 잘 저으며 중간 불로 끓인다. 거품이 보글보글 올라오면 조금 더 끓인 후 충분히 식힌다.
6. 배추를 반으로 나눠 반(250g)은 소스(3T)와 버무리고, 나머지 반(250g)은 소스(3T), 찹쌀풀(2T)과 버무려 완성한다.

겉절이에 찹쌀풀을 넣느냐 넣지 않느냐에 따라 맛과 식감에서 큰 차이가 납니다. 찹쌀풀을 넣은 겉절이는 부드럽고 조화로운 맛이 나고 재료가 좀 더 잘 섞인 느낌이며, 찹쌀풀을 넣지 않은 쪽은 양념 맛이 더 강렬하게 느껴집니다. 두 가지 모두 맛을 보고 다음부터는 취향에 맞는 쪽으로 만들어보세요.

TOP 12

제대로 만든 잔치국수

제대로 진한 육수를 내서 만드는 '고급 잔치국수'입니다.
결혼식 피로연에서나 만날 법한 비주얼과 맛을 자랑합니다.
식탁에 올리면 가족들의 감탄사가 선물처럼 돌아올 것입니다.

재료(1인분)
소면 90g, 당근 70g, 홍고추 1개
애호박 80g, 양파 80g, 머쉬마루버섯 50g
목이버섯 20g, 계란 1개, 참깨 약간

육수(5인분)
다시 멸치 50g, 건새우 30g
말린 베트남 고추 10개
말린 표고버섯 4개
다시마 15g, 대파 60g, 얇게 썬 무 150g, 마늘 6개
까나리액젓 1T, 꽃소금 1t, 미원 1t

유튜브 영상

1. 당근과 홍고추, 애호박, 양파, 머쉬마루버섯은 길쭉하게 채 썰고, 목이버섯은 작게 자른다.
2. 냄비에 물(3L)을 붓고 육수 재료 중 멸치, 건새우, 베트남 고추는 다시팩에 담고 표고버섯, 다시마, 대파, 무, 마늘은 그대로 넣어 육수를 낸다.
3. 팬에 식용유를 둘러 당근을 먼저 볶는다. 소금을 약간 뿌려 숨을 죽인다.
4. 같은 방법으로 애호박, 목이버섯, 머쉬마루버섯, 양파를 각각 볶는다.
5. 불을 아주 약하게 줄여 계란 지단을 부친 다음 얇게 채 썬다.
6. 육수를 끓인 지 20분이 지나면 불을 끄고 체로 건더기를 건져 육수만 남긴다. 액젓과 꽃소금, 미원으로 간을 한다. 육수가 매우 진하므로 맛을 보고 물을 추가해도 좋다.
7. 끓는 물에 소면을 2분 동안 잘 저어주며 삶는다. 면을 체로 건진 다음 물에 헹군다.
8. 그릇에 면을 먼저 담고, 고명을 예쁘게 올린 다음 육수를 붓고 참깨를 뿌려 완성한다.

TOP 13

고슬고슬 새우볶음밥

중국집에서 먹는 것처럼 고슬고슬하고 촉촉한 볶음밥을 집에서도 만들 수 있을까요?
아하부장이 알려주는 팁을 잘 따라 하면 중국집이 부럽지 않은,
맛있는 새우볶음밥을 완성할 수 있습니다.

재료(2인분)
비닐 팩에 넣어 냉장 보관한 밥 300g
당근 15g, 부추 15g, 대파 15g
냉동 탈각 새우 15마리
물 1T, 계란 2개, 식용유 2+½T

양념
XO소스 1T, 액젓 ½T, 치킨스톡 ½T
미원 ½t, 설탕 1t, 간장 1t

유튜브 영상

1. 밥을 미리 한 공기씩 비닐 팩에 담아 납작하게 편 다음 냉장실에 1~2일 정도 넣어둔다. 밥을 꺼냈을 때 딱딱하게 굳은 상태라면 손으로 조물조물 비벼 잘 부순다.
2. 당근과 부추, 대파는 작게 다진다. 새우는 끓는 물에 데쳐 차가운 물에 식힌 다음 물기를 뺀다.
3. 팬에 식용유를 둘러 대파를 먼저 볶는다.
4. 파기름이 끓기 시작하면 계란을 깨트려 넣고 주걱으로 고슬고슬 빠르게 젓는다.
5. 밥을 넣어 주걱으로 잘 섞어가며 볶은 다음, 양념 재료를 모두 넣고 볶는다.
6. 당근, 부추, 새우를 넣고 볶는다. 밥알이 고슬고슬 볶아지면 물(1T)을 넣고 조금 더 볶아 완성한다.

새우볶음밥을 그릇에 예쁘게 담는 방법을 알려드립니다. 밥공기에 먼저 새우만 넓게 펴서 담은 다음 그 위에 볶음밥을 담으세요. 접시에 밥공기를 뒤집어 담으면 전문점 느낌이 물씬 풍기는 멋진 플레이팅이 완성됩니다.

TOP 14

갈비탕과 갈비찜

일타쌍피 요리

갈비탕과 갈비찜을 한 방에 잡습니다.
따로따로 만드는 게 아니라 이왕 갈비를 준비한 김에 함께 만들면 됩니다.
구하기 힘든 한방 재료나 잡내 잡기, 핏물 빼기 없이도 전문점 맛을 낼 수 있습니다.

갈비탕(3인분) 갈비 1.5kg, 깍둑썰기한 무 500g, 대파 1뿌리(50g)
큼직하게 썬 양파 약간, 물에 불린 당면 40g, 국간장 1T
소고기 다시다 1T, 다진 마늘 1T, 후춧가루 1t, 송송 썬 대파 약간

갈비찜(3인분) 갈비탕에서 빼 둔 고기와 무, 갈비탕 국물 3컵
1cm 두께로 자른 당근 200g, 큼직하게 썬 양파 200g
물에 불린 당면 40g, 송송 썬 대파 약간, 참깨 약간, 참기름 ½T

갈비찜 양념 다진 마늘 1T, 후춧가루 1t, 진간장 3T, 소고기 다시다 1T, 미원 1t
설탕 3T, 참기름 ½T, 미림 2T, 노두소스 ½T

유튜브 영상

갈비탕 만들기

1. 큰 냄비에 깨끗이 씻은 갈비와 물(2L), 무, 대파, 양파를 담아 끓이다가 물이 끓으면 거품을 건져내고 국물이 넘치지 않을 정도의 센 불에서 30분간 더 끓인다.
2. 대파와 양파는 건져내고 물(1L)을 한 번 더 부어 다시 30분간 바글바글 끓인다.
3. 고기가 부드럽게 잘 익으면 갈비찜에 사용할 고기 적당량과 무(전부), 국물(3컵)은 따로 빼 둔다.
4. 국간장, 소고기 다시다, 다진 마늘, 후춧가루를 넣어 간을 맞춘다. 물에 불린 당면(40g)을 그릇에 깔고 팔팔 끓는 갈비탕(3컵)을 붓는다. 송송 썬 대파를 올려 완성한다.

갈비찜 만들기

1. 냄비에 고기, 무, 갈비탕 국물을 담고, 당근과 양파, 갈비찜 양념 재료를 모두 넣는다.
2. 물에 불린 당면을 올려 15분간 바글바글 넘치지 않을 정도의 센 불에서 끓인 다음, 아주 약한 불로 줄인다. 송송 썬 대파, 참깨와 참기름을 뿌려 완성한다.

TOP 15

충청도식 비빔냉면

아하부장표 비빔냉면의 비법은 황금 비율 소스에 있습니다.
이 소스를 만들어 두면 비빔냉면, 비빔국수 등 다양한 요리에 활용할 수 있습니다.
매콤달콤한 별미가 생각나는 날, 도전해봅시다.

재료(1인분) 냉면 사리 1개(200g), 삶은 계란 ½개, 참깨 약간

오이무절임 오이 200g, 무 200g, 식초 8T
설탕 8T, 겨자 1T, 다진 마늘 ½T

소스(10인분) 양파 50g, 사과 50g, 파인애플 엑기스 8T
간장 8T, 설탕 2T, 물엿 8T, 매실 엑기스 4T, 미림 4T
다진 마늘 2T, 고춧가루 32T, 고추장 8T, 식초 8T
소고기 다시다 4T, 미원 2T, 참기름 4T

유튜브 영상

1. 먼저 오이무절임을 만든다. 오이는 4등분하여 씨를 발라 길쭉하게 썰고, 무도 길쭉하게 채 썬다. 나머지 재료와 함께 손으로 잘 버무린다. 하루 정도 냉장 보관하면 좋다.
2. 냉면 사리를 가닥가닥 손으로 잘 풀어 팔팔 끓는 물에 삶는다. 물이 끓으면 1분간 더 끓이다가 차가운 얼음물에 담가둔다.
3. 소스를 민들기 위해 먼저 양파와 사과를 채 썰어 파인애플 엑기스와 함께 믹서에 간다.
4. 큰 볼에 **3**과 나머지 소스 재료를 함께 잘 섞는다. 1~3일 정도 냉장 숙성해서 사용한다.
5. 그릇에 소스(8T)를 먼저 담고, 물기를 뺀 면을 소스 위에 올린다.
6. 오이무절임과 삶은 계란을 올리고 참깨를 뿌려 완성한다. 시판 냉면 육수를 조금 부어 국물이 있는 상태로 즐겨도 좋다.

TOP 16

탱글탱글
닭볶음탕

아하부장표 닭볶음탕의 비밀은 닭가슴살도 퍽퍽하지 않게 요리하는 노하우입니다.
닭고기의 양과 물의 양을 정확히 맞추고, 고기가 가장 맛있게 익는 시간을 찾았습니다.
맛은 물론 식감까지 잘 잡은 요리이지요. 아하부장만 믿고 따라 해보세요.

재료(2인분) 닭고기(가슴살·허벅지살) 총 800g
양파 200g, 대파 1뿌리(80g), 당근 150g
감자 300g, 청양고추 5개, 느타리버섯 약간, 떡볶이 떡 약간

양념 굵은 고춧가루 4T, 고운 고춧가루 4T, 진간장 2T
미림 2T, 굴소스 1T, 다진 마늘 1T
소고기 다시다 1T, 미원 1t, 설탕 1T

유튜브 영상

1 양파는 반으로 갈라 3등분하고, 대파는 5cm 길이로 자른다. 당근은 1cm 두께로 자르고, 감자는 껍질을 벗겨 반으로 자른다. 청양고추도 반으로 자른다.

2 냄비에 물(2컵)을 붓고 물이 끓으면 닭고기를 1분 정도 데친 다음 닭을 건져 차가운 물에 씻는다.

3 냄비에 물 6컵과 양파, 당근, 감자를 넣고 10분 정도 끓인다.

4 양념 재료를 모두 넣어 잘 저어준다.

5 10분이 지나면 데친 허벅지살을 먼저 넣고 대파와 고추를 얹는다. 중간 불로 7분 정도 더 끓인다.

6 느타리버섯과 떡볶이 떡을 넣고, 마지막으로 데친 가슴살을 넣어 5분 정도 더 끓인다.

TOP 17
쫀득한 전문점 족발

일타쌍피 요리

다른 요리에 비해 난이도는 조금 높지만, 먹어 보면 만족도는 175%쯤 되는 족발입니다.
족발을 집에서 만들다니, 그게 가능하냐고요? 아하부장을 믿고 따라 해보세요!
족발 전문점 그대로의 맛과 쫄깃한 식감, 두 마리 토끼를 잡아보겠습니다.

재료	족발 1.3kg, 대파 50g
고추 식초	청양고추 5개, 베트남 고추 10개, 식초 1컵
육수	물 12컵(약 3L), 무 500g, 양파 200g, 사과 1개, 생강 20g, 대파 100g, 통후추 20개 월계수 잎 5장, 정향 5개, 팔각 1개, 계피 분말 2t, 말린 표고버섯 5개 말린 대추 8개, 미원 ½T, 소고기 다시다 2T 다진 마늘 4T, 파인애플 엑기스 4T, 간장 16T, 설탕 8T 미림 8T, 청주 4T, 노두소스 4T, 매실 엑기스 4T

 유튜브 영상

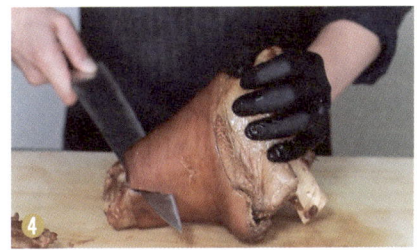

1. 무는 2.5cm 두께로 두툼하게 썰고, 양파, 사과, 생강은 각각 4등분한다. 대파는 큼직하게 썬다.
2. 고추 식초를 만든다. 송송 썬 청양고추와 베트남 고추를 유리 용기에 담아 식초를 붓는다. 고추 식초는 냉장 보관하면 2~3달 정도 사용할 수 있다.
3. 냄비에 육수 재료를 모두 담아 끓을 때까지 기다린다. 끓기 시작하면 족발을 넣고 뚜껑을 덮어 30분간 더 끓인다.
4. 30분이 지나면 족발을 건져내고, 육수에 설탕(8T)를 추가한다. 족발을 10분 정도 식힌 다음, 뼈를 따라서 여러 덩이로 자른다.
5. 육수에 족발을 다시 넣고 40분간 더 끓인다.
6. 족발을 꺼내 먹기 좋은 크기로 썬다. 팬에 식용유를 둘러 대파를 구운 다음 접시에 족발과 함께 담는다. 고추 식초도 함께 곁들인다. 남은 족발은 랩에 꼼꼼히 싼 후 냉장 보관한다.

대박집 닭개장

TOP 18

다른 요리에 비해 만드는 과정이 조금 복잡하게 느껴질 수 있지만,
아하부장을 믿고 잘 따라 해보면 환상적인 닭개장을 만날 수 있습니다.
일단 이 맛을 알고 나면 일주일 내내 닭개장만 찾을지도 모릅니다.

재료(3인분)	9호 닭(850g), 무 200g, 대파 200g, 청양고추 3개, 부추 약간, 숙주 100g 말린 고사리 10g, 말린 토란대 10g, 말린 표고버섯 4개, 마늘 10개
닭개장 양념	고운 고춧가루 4T, 진간장 4T, 청주 4T 소고기 다시다 1T, 미원 1t
고추마늘기름	닭 껍질, 다진 마늘 2T, 고운 고춧가루 3T
무나물 양념	고운 소금 1t, 들기름 1T, 다진 마늘 ½T, 들깻가루 1T

1 무는 6~7cm 길이로 채 썰고, 대파도 같은 길이로 썬다. 청양고추는 어슷하게 반으로 썰고, 부추는 작게 자른다. 숙주는 깨끗이 씻고, 고사리는 하루 전에 물에 불려둔다. 토란대, 표고버섯은 뜨거운 물에 불린다.

2 닭은 배를 반으로 가른 다음 날개 끝과 꼬리의 지방은 잘라서 버리고, 껍질을 중간 불에서 골고루 굽는다. 껍질에서 기름이 어느 정도 나오면 건져서 버리고 기름만 다진 마늘, 고춧가루와 함께 볶는다(고추마늘기름 완성).

3 냄비에 물(2.5L), 껍질 벗긴 닭, 마늘을 넣어 끓이다가 팔팔 끓으면 30분간 더 끓인다(닭 육수로 사용). 닭을 삶을 동안 팬에 채 썬 무를 약한 불로 볶다가 무나물 양념 재료를 넣고 잘 섞으며 5분 정도 볶는다.

4 닭은 건져 살을 발라내고, 표고버섯은 얇게 썰고 토란대와 고사리는 4~5cm 길이로 썬다. 냄비에 3의 닭 육수 4컵, 물 10컵을 부어 고사리, 토란대, 표고버섯, 닭고기를 넣고 끓인다(고명용 닭고기는 약간 남겨둔다).

5 대파, 고추, 닭개장 양념 재료, 무나물, 고추마늘기름(4T)을 넣고 끓인다. 끓기 시작하면 불을 살짝 줄여 15분 정도 더 끓인다.

6 닭개장이 끓는 동안 팬에 식용유(1T)를 둘러 연기가 날 정도로 달군 다음 숙주와 진간장(1t)을 10초만 볶는다. 그릇에 생 숙주를 담고 닭개장을 붓거나, 닭개장을 먼저 담고 볶은 숙주를 올리는 방법 두 가지로 즐길 수 있다.

TOP 19

비법전수 낙지볶음

낙지볶음을 집에서 만들면 왜 전문점 느낌이 나지 않을까요?
유명한 맛집에 가면 낙지볶음에 물기가 거의 없이 재료와 양념이 자작하게 어우러져 있습니다.
흥건하게 생기는 물기 없이 전문점 낙지볶음 맛을 낼 수 있는 방법을 알려드립니다.

재료(2인분)	낙지 1마리, 양배추 ⅛통, 양파 ¼개, 애호박 ¼개 당근 ¼개, 청양고추 2개, 대파 1뿌리
소스(약 10인분)	고춧가루 10T, 매운 고춧가루 2T, 설탕 3T, 소고기 다시다 1+½T 미원 ⅓T, 참깨 1T, 후춧가루 약간, 정종 3T, 매실 엑기스 1T, 참기름 ½T 간장 3T, 굴소스 1T, 액젓 1T, 올리고당 3T 갈아만든 배 5T, 고추기름 1T, 고추장 2T, 다진 마늘 1+½T
콩나물국	콩나물 150g, 소고기 다시다 ½숟갈, 다진 마늘 ½숟갈

1. 양배추와 양파는 큼직하게 채 썰고 애호박과 당근은 납작하게 썬다. 청양고추는 송송 썰고, 대파는 반은 길게 썰고 반은 송송 썬다.

2. 낙지는 눈과 입을 떼어내고 머리에 칼집을 내어 내장을 제거한 다음 먹기 좋게 자른다. 소금을 뿌려 씻은 다음 체에 밭쳐 물기를 뺀다.

3. 소스 재료를 잘 섞은 다음 1~3일 정도 숙성한다.

4. 큰 볼에 낙지와 야채를 모두 담고 소스의 ⅓만 넣어 잘 버무린다(이때 고추와 대파는 콩나물국에 넣기 위해 약간 남겨둔다). 이렇게 미리 낙지와 양념을 버무려뒀다가 볶으면 물기가 거의 생기지 않는다.

5. 냄비에 깨끗이 씻은 콩나물과 물(1L)을 담고, 소고기 다시다와 고추, 대파를 약간 넣어 콩나물국을 끓인다. 물이 끓기 시작하면 5분 정도 더 끓인 다음 다진 마늘을 넣어 완성한다.

6. 콩나물국에서 콩나물을 반 정도 건져 볼에 담고 참깨와 참기름을 약간씩 뿌려 버무린다.

7. 팬에 식용유(3T)를 둘러 **4**를 잘 저어가며 볶는다. 호박과 당근이 익으면 참기름을 약간 둘러 잘 섞는다.

8. 낙지볶음을 콩나물국, 콩나물무침과 함께 즐긴다.

TOP 20

끝판왕 볶음밥

일타쌍피 요리

김치볶음밥과 게살 볶음밥, 맛있는 볶음밥 레시피 두 가지를 함께 소개합니다.
볶음밥은 일단 밥부터 맛있어야 합니다. 밥을 냉장 보관하여
전분기를 없앤 상태로 볶는 것이 아하부장표 볶음밥의 비법입니다.

재료(3인분)   잘게 자른 잘 익은 김치 200g, 작게 썬 햄 115g
송송 썬 대파 50g(25g씩 나눠 사용), 무염버터 20g
잘게 찢은 게맛살 4개, 계란 3개, 맛소금 1t

볶음밥용 밥   쌀 3컵, 4등분한 양파 100g, 무염버터 50g

김치 밑간 양념   고운 고춧가루 ½T, 청양 고춧가루 ½T, 설탕 1T
소고기 다시다 ½T, 진간장 ½T, 다진 마늘 ½T
미림 1T, 고추기름 ½T

▶ 유튜브 영상

김치볶음밥 만들기

1 밥솥에 쌀 3컵을 담고 물은 밥솥 선 2.5에 맞춰 넣는다. 양파와 버터를 넣고 밥을 짓는다. 밥이 다 되면 양파는 건져내고, 밥(830g)을 잘 섞은 다음 비닐 팩에 나눠 넣고 넓게 편다. 1~2일 동안 냉장 보관한다.
2 김치와 김치 밑간 양념 재료를 함께 잘 섞는다.
3 밥을 냉장고에서 꺼내 팩에 든 상태에서 손으로 비벼서 잘 풀어준다. 팬에 식용유를 둘러 2의 김치를 볶다가 작게 썬 햄도 함께 볶는다.
4 팬에 밥(530g)을 잘 펴서 주걱으로 눌러가며 약 10초간 두고 섞는 방식을 반복하며 볶는다. 송송 썬 대파와 버터를 넣고 잘 섞어 완성한다.

게살볶음밥 만들기

1 계란을 거품기로 저어 풀어둔다. 팬에 식용유를 둘러 달군 다음 계란물을 부어 볶는다. 밥(300g)을 넣고 함께 볶다가 맛소금과 후춧가루를 뿌려 잘 섞는다.
2 밥알이 탱글탱글해지면 잘게 찢은 게맛살, 송송 썬 대파를 넣어 볶는다. 겉은 바삭하고 속은 촉촉한 볶음밥을 만들기 위해 물(½T)을 부어 다시 10초 정도 볶아 완성한다.

TOP 21

전설의 백년 짜장

일타쌍피 요리

오랜 세월 동안 이어져 내려왔다는 전설의 백년 짜장을 소개합니다.
차이나타운의 맛집에서는 백년 짜장을 시키면 닭 육수가 함께 나오는데,
아하부장도 간단한 닭 육수 만드는 법을 함께 알려드립니다.

재료(3인분)   잘게 썬 돼지비계 350g, 다진 생강 ½T, 다진 마늘 2T
송송 썬 대파 400g, 다진 돼지고기 600g
춘장 200g, 참기름 ½T

양념   설탕 1T, 후춧가루 ½t, 미원 ½t
치킨스톡 ½T, 미림 1T

닭 육수   닭다리살 200g, 물 5컵, 양파 30g, 대파 40g
월계수 잎 1장, 후춧가루 1t, 다진 생강 1t, 다진 마늘 1T

▶ 유튜브 영상

1. 닭 육수 재료를 냄비에 모두 담아 끓이다가 팔팔 끓기 시작하면 20분간 더 끓인다.

2. 라드(돼지기름)를 뽑기 위해 팬에 돼지비계를 담고 불 세기를 최대한 약하게 조절한다. 기름이 잘 튀므로 뚜껑을 닫고 10분간 기다린다. 거름망을 대고 기름을 걸러낸다. 라드는 냉장 보관하며 사용한다.

3. 팬에 라드(4T)를 투명한 액체 상태가 될 때까지 녹인 다음, 생강과 마늘을 하얗게 익을 때까지 볶는다.

4. 대파를 ⅓만 넣고 볶다가 향이 올라오면 다진 돼지고기를 함께 볶는다.

5. 춘장을 넣고 가운데 기포가 올라올 때까지 약 2분 정도 볶다가 대파 ⅓과 양념 재료를 모두 넣고 잘 섞으며 볶는다.

6. 남은 대파를 모두 넣고 살짝 섞은 다음 참기름을 뿌려 완성한다. 면이나 밥과 함께 즐긴다. 닭 육수를 조금씩 섞어 먹으면 좋다.

중국집에서 백년 짜장을 주문하면 간짜장처럼 면과 짜장 양념이 따로 나옵니다. 백년 짜장은 일반 짜장에 비해 뻑뻑한 편이므로 닭 육수를 조금씩 섞어 먹으면 좋습니다.

TOP 22

두 가지 맛
감자탕

일타쌍피 요리

대파로 깔끔하고 얼큰한 맛을 잘 살린 아하부장 스타일의 감자탕입니다.
순대국밥과 비슷한 진한 감칠맛의 '하얀 감자탕'과 매운맛이 일품인 '얼큰 감자탕',
두 가지 스타일로 준비했으니, 취향에 따라 즐겨보세요.

재료(6인분) 돼지 등뼈 4kg, 물 6L, 대파 300g
후춧가루 1t, 꽃소금 1t, 미원 1t, 새우젓 ½T
송송 썬 대파 200g, 송송 썬 청양고추 약간

얼큰 감자탕 육수 2L, 베트남 고추 15개, 굵은 고춧가루 3T
청양 고춧가루 3T, 다진 마늘 2T
후춧가루 1t, 재래 된장 2T, 소고기 다시다 ½T
멸치 다시다 1T, 미원 1t, 송송 썬 대파 100g

 유튜브 영상

하얀 감자탕 만들기

1. 돼지 등뼈를 흐르는 물에 깨끗이 씻어 혹시 남아 있을 수 있는 뼛가루를 없앤 다음 냄비에 담고, 물(약 10L)을 붓는다.
2. 대파를 넣고 끓이다가 거품을 건져낸 후 주걱으로 바닥까지 저어 뼈의 위치를 바꿔가며 1시간 동안 넘치지 않을 정도의 센 불로 끓인다.
3. 대파와 등뼈를 먼저 건져 대파는 버리고 등뼈만 모아둔다. 육수는 체에 한 번 거른다.(육수 총 3L 완성).
4. 육수(1L)에 후춧가루, 꽃소금, 미원, 새우젓을 넣고 끓이다가 끓기 시작하면 바로 불을 끈다. 등뼈의 반을 담고, 송송 썬 대파와 청양고추를 올린다.

얼큰 감자탕 만들기

1. 냄비에 육수(2L)를 담고 베트남 고추, 고춧가루, 다진 마늘, 후춧가루, 재래 된장을 넣어 끓이다가 팔팔 끓기 시작하면 나머지 재료를 모두 넣고 잘 섞는다.
2. 남은 등뼈를 모두 넣고 15분간 국물이 넘치지 않을 정도의 센 불에서 끓여 그릇에 담는다. 고기를 찍어 먹을 소스는 간장, 미림, 식초를 같은 분량으로 섞고, 겨자를 조금 넣어 완성한다.

TOP 23

마법의 보쌈

보쌈 전문점 뺨치는 맛있는 보쌈을 집에서 정말 간단하게 만들어봅시다.
고기는 어떻게 삶아야 야들야들 부드러우면서도 육질이 살아 있을까요?
아하부장만 알려드릴 수 있는 비법들이 레시피 속에 숨어 있습니다.

재료(4인분)
돼지고기(삼겹살) 450g 2덩이
물 3L
맥주 2컵
소주 5T
굵은 소금 2T
설탕 3T
쌍화탕 1병

 유튜브 영상

1. 큰 냄비에 물을 붓고, 삼겹살을 삶는다. 맥주와 소주를 함께 넣어 잡내를 잡는다.
2. 소금, 설탕, 쌍화탕을 넣어 끓이다가 팔팔 끓기 시작하면 센 불에서 25분간 더 끓인다. 이때 핏물이나 거품이 떠 있으면 국자로 건져낸다.
3. 불을 중간 불로 줄인 후 다시 15분간 끓인다. 이때 고기를 한 번 뒤집는다.
4. 약한 불로 10분간 끓이며 고기를 골고루 뒤집는다. 뚜껑을 덮어 부드럽게 삶는다.
5. 불을 끈 상태에서 15분 동안 뚜껑을 덮고 뜸을 들인 다음 고기를 건져낸다.
6. 보쌈 한 덩이는 먹기 좋게 썰고, 한 덩이는 토치로 표면을 15초 정도 구워 불향을 더한다.

- 보쌈용 삼겹살은 국내산을 사용하면 가장 좋지만, 수입산을 사용할 거라면 지방 비율이 좋은 칠레산 삼겹살을 추천합니다.
- 삶은 보쌈을 바로 먹지 않을 거라면 바로 얼음물에 담가 15분간 식힌 후, 랩으로 빈틈없이 꼼꼼히 싸서 냉장 보관 하세요(장기간 보관 시 냉동). 찜기에 다시 쪄서 먹으면 처음처럼 맛있습니다.

TOP 24

새콤달콤
간장비빔국수

새콤달콤한 맛으로 즐기는 간장비빔국수에는 세 가지 비법이 숨어 있습니다.
첫 번째는 고명으로 올리는 계란 장조림, 두 번째는 소스, 세 번째는 불지 않는 소면입니다.
소스는 연두부나 순두부에 뿌려 먹어도 맛있고, 콩나물밥 양념으로 써도 좋습니다.

재료(1인분) 소면 100g, 오이 30g, 양배추 30g
당근 20g, 청양고추 1개, 계란 1개

계란 장조림 계란 5개, 진간장 4T, 물 4T, 미림 4T, 노두소스 1T

소스(5인분) 미림 1컵, 진간장 1컵, 매실 엑기스 4T, 볶은 참깨 1T, 미원 1t
소고기 다시다 ½T, 다진 마늘 1T, 참기름 2T, 고춧가루 2T
송송 썬 대파 80g, 송송 썬 청양고추 5개, 편썰기한 마늘 5개

▶ 유튜브 영상

1. 오이와 양배추, 당근은 가늘게 채 썰고 청양고추는 송송 썬다. 계란은 약한 불에 지단을 부쳐 얇게 썬다.

2. 물(2L)이 팔팔 끓으면 소면을 3분 정도 삶다가 면을 건져내 미리 준비한 차가운 물(얼음물)에 담갔다가 물에 헹군다. 체에 받쳐 물기를 뺀다.

3. 계란 장조림을 준비한다. 냄비에 물(1.5L)을 끓여 계란을 6분간 삶은 다음 긴져내 치가운 물에 담근다. 비닐 팩에 껍질을 깐 계란과 나머지 장조림 재료를 넣고 비닐 팩의 공기를 빼고 입구를 묶어 하루 정도 냉장 보관한다.

4. 소스를 만든다. 팬에 미림을 부어 가장 센 불에서 끓인다. 미림에 불이 붙으면 알코올이 모두 증발될 때까지 끓인다(미림에 더는 불이 붙지 않으면 알코올이 모두 증발한 상태).

5. 끓인 미림을 볼에 담고 나머지 소스 재료를 모두 넣어 잘 섞는다. 이 소스는 1~3일 정도 냉장 숙성해서 사용하면 가장 맛있다.

6. 큰 볼에 소면을 담고 소스(8T)를 부어 잘 섞은 다음 그릇에 예쁘게 담는다. 계란 장조림과 야채를 얹어 완성한다. 기호에 따라 참기름과 참깨, 레몬주스를 뿌려 먹어도 좋다.

TOP 25

세 가지 맛 불고기

간장 양념, 된장 양념, 마늘 양념 세 가지로 맛을 낸 돼지고기 불고기입니다.
같은 고기라도 어떤 양념에 버무리느냐에 따라 다양한 맛으로 즐길 수 있습니다.
이 세 가지 양념은 돼지고기뿐 아니라 소고기, 닭고기 등 다른 고기 요리에도 꼭 활용해보세요!

재료(각 1인분) 돼지고기(후지) 1.2kg(400g씩 나눠 사용), 얇게 썬 양파 300g(100g씩 나눠 사용)

간장 양념 간장 1T, 설탕 1T, 미림 1T, 정종 1T, 식용유 1T, 다진 마늘 1T, 미원 ½t
　　　　　　소고기 다시다 1t, 굴소스 1t

된장 양념 재래 된장 1T, 채 친 생강 5g, 다진 마늘 1T, 올리고당 1T, 유자청 1T
　　　　　　미원 ½t, 정종 1T, 미림 1T, 고추기름 ⅔T

마늘 양념 다진 마늘 3T, 설탕 ½T, 미림 1T, 정종 ½T
　　　　　　미원 ⅓t, 소고기 다시다 1t, 참기름 1+½T

 유튜브 영상

1. 큰 볼에 고기 400g, 양파 100g, 간장 양념 재료를 담아 잘 버무린다. 최소 30분에서 하루 정도 숙성한다.
2. 큰 볼에 고기 400g, 양파 100g, 된장 양념 재료를 담아 잘 버무린다.
3. 큰 볼에 고기 400g, 양파 100g, 마늘 양념 재료를 담아 잘 버무린다. 하루 정도 숙성시킨다.
4. 팬에 식용유를 둘러 간장 양념 불고기를 볶는다. 토치로 표면을 거뭇하게 익혀도 맛있고, 고추, 대파를 함께 볶아도 맛있다.
5. 팬에 식용유를 둘러 된장 양념 불고기를 볶는다. 기호에 맞는 야채를 함께 넣어도 좋다. 후춧가루를 조금 뿌린 다음 물(⅓종이컵)을 붓고 야채가 숨이 죽을 정도로만 볶아 그릇에 담는다.
6. 팬에 식용유를 둘러 충분히 달군 다음 마늘 양념 불고기를 볶는다. 아스파라거스, 마늘, 양송이 등을 함께 볶아도 맛있다.

세 가지 양념 모두 좋지만, '된장 양념'은 전문점에서 바로 사용해도 될 정도로 완성도가 높은 양념입니다. 재래 된장 대신 태국 된장을 넣어 볶음 요리에 활용하면 '맛의 신세계'가 펼쳐질 것입니다.

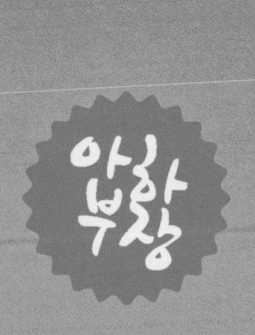

TOP 26 ~ TOP 50

밥도둑 무나물 무생채・휴게소 소고기국밥・전주식 콩나물국밥・신당동 떡볶이와 어묵탕・포장마차 김치우동・바다의 맛 연어상・강릉식 장칼국수・대왕 계란밀이・한끗이 다른 우동과 소바・겉바속촉 돈가스・아삭이 총각무 김치・분식집 쫄면・한국인의 소울 푸드 제육볶음・삼겹살 한 상 세트・참 부드러운 돼지갈비・샤브샤브 칼국수・닭 한 마리 칼국수・대구식 볶음 짬뽕・시원한 김치말이 국수・육향 가득 물냉면・쫄깃쫄깃 콩나물 아귀찜・구수한 누룽지 삼계탕・황금 양념 국물 불고기・라면만큼 쉬운 쌀국수・초간단 순댓국

TOP 26

밥도둑
무나물 무생채

무와 대파만으로 사람 잡는 맛의 무나물과 무생채를 만들어볼까요?
따끈한 밥에 무나물과 무생채를 함께 넣어 비벼 보세요.
매일 먹어도 질리지 않을 맛입니다.

무나물 무 1kg, 대파 50g, 소고기 다시다 ½T
멸치액젓 1T, 설탕 ½T, 미원 1t
들깻가루 3T, 다진 마늘 1T, 식용유 2T
들기름 1T, 후춧가루 약간

무생채 무 1kg, 대파 50g, 액젓 2T, 설탕 1T
다진 마늘 1T, 볶은 참깨 1T, 미원 ½T
굵은 고춧가루 1T, 고운 고춧가루 1T
참기름 1T, 식초 3T

 유튜브 영상

무나물 만들기

1 무를 2~3mm 두께로 도톰하게 채 썰고, 대파는 5cm 길이로 썬다. 팬에 무를 모두 담는다.

2 소고기 다시다부터 다진 마늘까지 넣은 다음 무에 간이 잘 배도록 주걱으로 여러 번 섞는다. 그런 다음 5분간 그대로 둔다.

3 무에서 수분이 어느 정도 빠져나오면 식용유를 골고루 뿌려 센 불로 끓이다가 끓어오르기 시작하면 잘 섞는다.

4 불을 최대한 약한 불로 줄여 대파를 넣는다. 뚜껑을 닫고 7분간 익힌 다음 들기름과 후춧가루를 넣고 잘 섞어 완성한다.

무생채 만들기

1 무를 1~2mm 두께로 얇게 채 썬다. 대파는 5cm 길이로 썬다. 무와 대파를 큰 볼에 담고 액젓부터 참기름까지 넣는다.

2 손으로 무와 양념을 잘 버무린 다음 마지막으로 식초를 넣어 버무린다.

TOP 27

휴게소 소고기국밥

여행길에 들른 휴게소에서 한 그릇 뚝딱 먹었던 소고기국밥을 기억하세요?
텁텁하거나 무겁지 않은, 깔끔하고 가벼운 맛의 국밥입니다.
재료도 간단하고, 누구나 쉽게 만들 수 있습니다.

재료(6인분) 소고기 목등심 600g
소고기 아롱사태 200g
대파 150g, 무 700g, 콩나물 700g
다진 마늘 4T, 고운 고춧가루 8T

양념 국간장 4T, 고운소금 1T
후춧가루 ½T, 소고기 다시다 4T
미원 ½T, 재래 된장 1T

유튜브 영상

1. 소고기는 흐르는 물에 씻어 핏물을 뺀다. 대파는 반으로 썰고, 무는 4등분하여 0.8cm 두께로 도톰하게 썬다. 콩나물은 잘 씻어둔다.
2. 큰 냄비에 소고기, 대파, 무를 담고 물(6L)을 붓는다. 다진 마늘을 넣고 뚜껑을 덮어 끓인다.
3. 국물이 끓기 시작하면 중간 불로 50분 정도 더 끓인다.
4. 중간중간 거품을 건져내고 고춧가루를 넣어 잘 젓는다.
5. 50분이 지나면 콩나물을 넣고 20분 동안 센 불에서 뚜껑을 덮지 않고 끓이다가 불을 약하게 줄이고 아롱사태는 건져낸다.
6. 양념 재료를 모두 넣어 완성한다. 얇게 썬 아롱사태, 부추를 고명으로 얹어 먹는다.

소고기 목등심이나 아롱사태 대신 양지나 볼살을 써도 좋습니다. 국밥의 맛에는 차이가 거의 없으니 좋아하는 부위를 구입해서 만들어보세요.

TOP 28
전주식 콩나물국밥

누구나 간편하게 만들어 먹을 수 있는 전주식 콩나물국밥입니다.
저처럼 국밥을 정말 좋아하는 분들을 위해 황금 비율 양념장도 함께 준비했습니다.
속이 확 풀리는 한 그릇 요리로 즐겨 보세요.

재료(5인분) 대파 50g, 청양고추 50g, 다시마 20g, 콩나물 500g
오징어 1마리, 황태채 20g, 계란 1개, 잘게 다진 김치 약간
후춧가루 ½T, 다진 마늘 1T, 멸치액젓 1T, 새우젓 ½T
미원 1t, 소고기 다시다 ½T

양념장 잘게 다진 황태 2T, 잘게 다진 오징어 다리 2T
고춧가루 3T, 새우젓 ½T, 청양고추 1T, 다진 대파 1T
다진 마늘 ½T, 진간장 1T, 멸치액젓 ½T, 국밥 육수 2T
미원 1t, 소고기 다시다 1t

 유튜브 영상

1. 대파와 청양고추는 송송 썰고 오징어는 손질해서 깨끗이 씻는다.
2. 냄비에 다시마와 깨끗이 씻은 콩나물을 넣고 물(3.5L)을 부어 끓이다가 팔팔 끓기 시작하면 국물이 넘치지 않을 정도의 센 불로 7분간 더 끓인다.
3. 최대한 약한 불로 줄인 후 다시마와 콩나물은 건져내 콩나물은 따로 둔다.
4. 후춧가루, 다진 마늘, 액젓, 새우젓, 미원, 다시다를 넣고, 불을 세게 올려 오징어와 황태채를 넣고 1분 정도 끓인다.
5. 육수가 끓으면 오징어와 황태채는 건져내고 불을 끈다. 오징어 몸통은 얇게 재 썰어 고명으로 쓰고 오징어 다리와 황태채는 잘게 썰어 양념장에 넣는다.
6. 양념장 재료를 잘 섞어 양념장을 만든다. 1~2일 정도 숙성한 후 사용하면 더 맛있다.
7. 뚝배기에 콩나물을 담고 육수(2컵)를 부어 끓인다. 가운데에 계란을 깨트리고, 뜨거운 국물을 열 번 정도 끼얹어 반숙으로 익힌다.
8. 고명으로 대파, 청양고추, 채 썬 오징어, 다진 김치를 올린다. 양념장을 넣어 먹는다.

TOP 29

신당동 떡볶이와 어묵탕

떡볶이와 떡볶이의 영원한 짝꿍, 어묵탕을 함께 만들어볼까요?
길을 지나다 떡볶이 포장마차를 만나면 도저히 그냥 지나칠 수 없는 분들 많으시죠?
집에서도 그 맛을 느껴보고 싶다면 도전해보세요!

떡볶이(1인분)	밀떡 300g, 길게 썬 어묵 100g, 대파 50g
떡볶이 양념	물엿 1과½컵, 고춧가루 6T, 다진 마늘 1T, 간장 2T 설탕 1T, 소고기 다시다 1T, 미원 1t, 식용유 2T, 케첩 4T, 고추장 6T
어묵탕(2인분)	꼬치 어묵 6개, 길게 썬 어묵 2개, 대파 1뿌리 80g, 청양고추 3개 양파 ½개, 무 400g, 냉동 절단 꽃게 3개(200g), 다진 마늘 1T 양조간장 1T, 소고기 다시다 1T, 청주 2T, 미림 1T
어묵 간장	미림 1T, 식초 1T, 간장 1T, 고춧가루 1t, 송송 썬 대파 약간

 유튜브 영상

어묵탕 끓이기

1 대파, 청양고추, 양파는 큼직하게 썰고, 무는 2등분하여 2cm 두께로 자른다.

2 냄비에 물(1.5L)과 무를 담아 10분간 끓인 다음, 무의 부드러운 식감을 위해 불을 끄고 1시간 정도 식힌다.

3 다시 불을 켠 다음 꽃게, 대파, 청양고추, 양파, 길게 썬 어묵을 넣고 물(1L)을 추가하여 끓인다.

4 다진 마늘, 간장, 다시다, 청주, 미림을 넣어 끓이다가 끓기 시작하면 꼬치 어묵도 넣고 중간 불에서 20분간 더 끓인다. 어묵 간장 재료를 섞어 어묵을 찍어 먹을 간장을 만든다.

떡볶이 만들기

1 떡볶이 양념 재료를 모두 잘 섞는다. 1~2일 정도 숙성해서 사용하면 더 맛있다.

2 팬에 어묵탕 국물(16T), 떡볶이 양념(5T), 밀떡, 길게 썬 어묵, 대파를 넣고 잘 저어가며 5분 정도 끓이다가 그릇에 담는다.

TOP 30

포장마차 김치우동

잘 익은 김치만 있다면 입에 짝짝 붙는 김치우동을 5분 만에 완성할 수 있습니다.
포장마차에서 흔히 봤던 국물이 걸쭉한 스타일로 완성해보겠습니다.
양념으로 들어가는 '혼다시'가 우동 전문점의 비밀 무기라는 건 우리끼리만 아는 비밀입니다!

재료(2인분)
냉동 우동면 1개
대파 50g, 어묵 300g
청양고추 3개, 다시마 5g
잘 익은 김치 250g
김칫국물 ½컵
다진 마늘 1T
혼다시 ½T, 시치미 1T
후춧가루 약간

▶ 유튜브 영상

1 대파는 어슷썰기하고 어묵은 먹기 좋은 크기로 썬다. 청양고추는 송송 썰고 김치도 잘게 썬다.

2 냄비에 김치와 김칫국물, 다시마, 대파, 청양고추, 어묵을 담고 물(3컵)과 다진 마늘을 넣는다.

3 혼다시, 시치미, 후춧가루를 넣어 끓이다가 물이 끓기 시작하면 중간 불에서 5분간 더 끓인다.

4 우동면을 따로 데치지 않고 바로 넣어 센 불에서 3분간 끓인다. 국물이 걸쭉해지면 그릇에 담는다.

TOP 31

바다의 맛
연어장

아하부장표 연어장 만드는 법을 소개합니다.
입맛 없을 때 밥도둑 역할을 톡톡히 할 겁니다.
특별한 술안주로도 잘 어울리는 요리입니다.
이 양념장으로 게장, 새우장, 소라장도 만들어보세요.

재료(4인분) 연어 600g, 배 200g
양파 150g, 대파 50g, 고추 50g
생강 30g, 마늘 50g, 레몬 ½개

양념장 물 1kg, 간장 450g, 미림 110g
통후추 10g, 노두소스 20g, 설탕 160g
말린 표고버섯 3개, 대추 3개

 유튜브 영상

1. 연어는 껍질을 제거하여 세 덩이로 크게 썰고, 배는 껍질을 벗기고, 양파는 채 썬다. 대파와 고추는 어슷하게 썰고, 생강은 껍질을 벗겨 얇게 썬다. 마늘은 칼등으로 눌러 으깬다.
2. 큰 냄비에 양념장 재료를 모두 넣어 잘 섞는다.
3. 배, 양파, 생강, 마늘을 넣는다. 이때 채 썬 양파는 모두 넣지 않고 약간 남겨둔다.
4. 약한 불로 20분 정도 끓인 다음(양념장 800g 완성), 면보에 걸러 충분히 식힌다.
5. 밀폐 용기에 연어를 깔고 그 위에 얇게 썬 레몬과 고추, 3에서 남겨둔 양파를 얹는다. 양념장을 모두 붓고, 3일 동안 냉장 숙성한다.
6. 잘 숙성된 연어를 먹기 좋은 크기로 잘라 무채, 당근채 등과 함께 즐긴다. 레몬즙을 뿌려 먹으면 더 맛있다.

TOP 32

강릉식 장칼국수

일타쌍피 요리

많은 사람이 좋아하는 칼칼한 장칼국수를 걸쭉하게 끓여볼까요?
아하부장은 고기볶음 고명을 올려 더욱 특별한 맛을 냈습니다.
얼큰하고 뜨끈한 국물이 생각나는 날, 만들어보세요.

재료(2인분) 칼국수면 2개, 양파 80g, 대파 80g, 청양고추 2개
애호박 80g, 감자 200g, 다시마 15g
다시 멸치 30g, 베트남 고추 10개, 다진 마늘 1T
재래 된장 1T, 고추장 2T, 까나리액젓 혹은 간장 1T
혼다시 ½T 혹은 소고기 다시다 1T
고운 고춧가루 1T, 미원 1t

고기볶음 다진 소고기 400g, 진간장 1T
다진 마늘 1T, 미원 1t

▶ 유튜브 영상

1. 양파는 도톰하게 채 썰고, 대파와 청양고추는 어슷하게 썬다. 애호박과 감자는 반달 모양으로 썬다.

2. 냄비에 물(10컵)을 붓고 다시마와 멸치, 베트남 고추를 다시팩에 담아 넣고 불을 켠다. 끓기 시작하면 중간 불로 15분간 더 끓인다(육수 8컵 완성).

3. 고명용 고기볶음을 만들기 위해 팬에 식용유(1T)를 둘러 소고기를 볶다가 진간장, 다진 마늘, 미원을 넣고 주걱으로 잘 섞으며 볶는다. 체에 밭쳐 기름을 뺀다.

4. 2의 육수에 준비한 야채를 모두 넣고 다시 불을 켠다.

5. 다진 마늘, 재래 된장, 고추장, 액젓, 혼다시, 고춧가루, 미원을 넣는다. 주걱으로 바닥까지 잘 저으며 끓이다가 끓기 시작하면 5~10분간 더 끓인다.

6. 칼국수면을 넣고 3분간 잘 저으며 끓인다. 칼국수면은 딱 3분만 삶아야 불지 않고 쫄깃하게 즐길 수 있다.

TOP 33

대왕 계란말이

엄청난 크기의 대왕 계란말이 만드는 법을 알려드립니다.
대파와 계란만 있어도 되지만 부드러운 식감을 위한 우유, 감칠맛을 더할 참치를 넣어서
아하부장 스타일의 특별한 계란말이로 완성했습니다.

재료(3인분)
계란 15개
맛소금 1t
소고기 다시다 ½T
설탕 ½T
우유 ½컵
참치 통조림 1개
얇게 송송 썬 대파 100g

 유튜브 영상

1. 계란, 맛소금, 다시다, 설탕, 우유를 3분 정도 잘 젓는다. 참치와 얇게 송송 썬 대파도 넣어 잘 섞는다.
2. 팬을 약한 불로 30초간 달군 다음, 식용유(1T)를 둘러 키친타월로 살짝 닦는다. 먼저 계란물 1컵을 붓는다.
3. 계란이 익기 시작하면 끝부터 돌돌 말면서 숟가락으로 표면을 살짝 눌러준다.
4. 식용유(½T)를 둘러 계란물 1컵을 붓는다. 계란 말이 끝을 살짝 들어 계란물이 흘러 들어갈 수 있게 한다. 익기 시작하면 끝부터 만다.
5. 겉면이 마르지 않도록 중간중간 숟가락으로 계란물을 조금씩 바른다.
6. 식용유(½T)를 둘러 계란물 1컵을 붓고, 같은 방식으로 계속 만다. 이 과정을 여러 번 반복한다.
7. 계란물을 모두 부으면 불을 최대한 약하게 줄인다. 계란말이를 세워 네 면을 모두 익힌다. 이때 뒤집개로 누르면 모양이 예쁘게 잡힌다.
8. 표면이 마르지 않게 비닐 팩을 덮어 충분히 식힌 다음 예쁘게 썬다.

TOP 34

한끗이 다른 우동과 소바

우동과 소바 모두에 어울리는 아하부장 스타일의 감칠맛 가득한 육수를 소개합니다.
이 육수만 있다면 전문점보다 더 맛있는 우동과 소바를 언제든 간편하게 즐길 수 있습니다.
넉넉히 만들어 냉장 보관하며 사용하세요.

재료(5인분)
우동면 혹은 메밀면 적당량
무 400g, 마늘 50g
양파 1개(150g), 대파 300g
사과 ½개, 다시마 1장(15g)
진간장 1컵, 미림 1컵, 청주 1컵
가다랑어포 60g, 혼다시 ½T
미원 ½T, 설탕 1T

유튜브 영상

1 무는 4등분하여 얇게 썬다. 마늘은 칼등으로 살짝 으깨고, 양파는 1cm 두께로 채 썬다. 대파는 길게 썰고, 사과는 4등분하여 씨를 제거한다.

2 육수를 내기 위해 팬에 기름 없이 양파와 대파를 센 불로 굽는다. 토치가 있다면 표면을 태우듯 익히고, 오븐이 있다면 높은 온도에서 구워도 좋다.

3 구운 야채를 냄비에 담고, 물(2.5ℓ)을 붓는다. 다시마, 무, 마늘, 사과도 함께 넣고 불을 켠다. 끓기 시작하면 중간 불에서 15분간 더 끓인 다음 건더기를 모두 건져내서 버린다.

4 3을 3컵만 냄비에 붓고, 진간장, 미림, 청주를 넣고 끓을 때까지 기다린다. 끓기 시작하면 센 불에서 10분간 더 끓인다.

5 10분이 지나면 가다랑어포를 육수에 푹 잠기게 넣는다. 5분간 그대로 뒀다가 체에 거른다.

6 육수에 혼다시, 미원, 설탕을 넣고 잘 섞는다. 이 육수와 물을 1:2의 비율로 섞어 우동이나 소바로 즐긴다. 소바로 즐길 때는 육수에 레몬주스와 설탕을 약간 추가하면 더 맛있다.

TOP 35

겉바속촉 돈가스

우리 집에 돈가스 전문점을 차려볼까요?
겉은 바삭, 속은 촉촉하게 돈가스를 튀기는 방법과 맛있는 특제 소스 만드는 법을 소개합니다.
"와! 집에서도 이런 맛이 가능하구나!" 감탄하게 될 것입니다.

재료(1인분) 돈가스용 돼지고기(목살) 200g 2개, 채 썬 양배추 ¼개
소금 약간, 후춧가루 약간, 청주 약간
식빵 4개 혹은 습식 빵가루 적당량, 전분 5T, 계란 1개

소스(1인분) 채 썬 양파 150g, 납작하게 썬 당근 100g, 우유 ½컵+1컵
케첩 1+½컵, 크림수프 분말 ½컵, 베이크드 빈 ½컵
통조림 복숭아 국물 ½컵, 설탕 4T, 치킨스톡 1T, 후춧가루 약간
오레가노 가루 ½T, 편썰기한 양송이 5개

유튜브 영상

1 목살에 0.5cm 간격으로 칼집을 내고 칼등으로 두드려 납작하게 편다. 소금과 후춧가루로 간을 하고, 청주를 약간 뿌려 고기 표면에 골고루 바른다.

2 식빵을 믹서에 곱게 갈아 습식 빵가루를 만든다.

3 바닥에 전분을 넉넉히 펴서 고기에 전분을 묻힌 다음 잘 털어낸다. 그런 다음 계란물을 묻히고 빵가루를 묻힌다.

4 소스를 만들기 위해 팬에 양파와 당근을 거뭇거뭇하게 굽는다.

5 믹서에 4의 양파, 당근과 우유(½컵)를 곱게 간 다음 냄비에 부어 물(½컵)과 함께 끓인다. 끓기 시작하면 3분 정도 더 끓인다.

6 우유(1컵), 케첩, 크림수프 분말, 베이크드 빈, 통조림 복숭아 국물, 설탕, 치킨스톡을 넣고 거품기로 잘 저은 다음 끓기 시작하면 물(½컵)과 나머지 재료를 넣고 끓인다.

7 튀김 기름의 온도를 150~160도로 올려 고기를 하나씩 넣고 7~8분 정도 튀긴다.

8 돈가스를 썰어 그릇에 담고 얇게 채 썬 양배추와 소스를 곁들여 먹는다.

TOP 36

아삭이 총각무 김치

아하부장 필살기

일타쌍피 요리

아하부장표 마법의 김치 소스로 만드는 총각무 김치를 소개합니다.
이 소스만 있으면 아삭아삭 시원한 총각무 김치뿐 아니라
모든 종류의 김치를 간단하고 맛있게 완성할 수 있습니다.

재료 총각무 5단
       찹쌀풀(물 1컵+찹쌀가루 1T)

소스 총각무 2개, 물 1컵
       까나리액젓 3컵
       굵은 고춧가루 2컵
       설탕 1컵, 미원 4T
       다진 마늘 8T, 다진 생강 혹은 생강 분말 1T
       양파 분말 1T, 물 3컵

 유튜브 영상

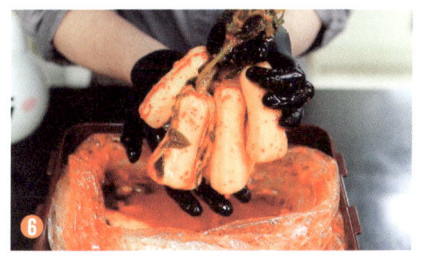

1. 총각무의 무청을 약 10cm만 남기고 자른 다음, 껍질을 벗겨내고 무청 쪽에 묻은 흙을 깨끗이 씻는다.
2. 찹쌀풀을 쑤기 위해 물과 찹쌀가루를 거품기로 저으며 끓인다. 가운데까지 보글보글 끓으면 1분 정도 더 끓인 후 충분히 식힌다.
3. 소스를 만들기 위해 먼저 총각무 2개와 물 1컵을 믹서에 갈아둔다.
4. 큰 볼에 **3**과 나머지 소스 재료를 모두 넣어 잘 섞는다. 소스는 3일 정도 숙성해서 사용하면 더욱 맛있다.
5. 김장용 비닐 팩에 손질한 총각무, 소스 5컵, 찹쌀풀을 넣어 입구를 잘 막고, 2분 정도 흔들어 준다.
6. 총각무 김치는 상온 숙성이 아닌 냉장 숙성으로 천천히 익혀야 아삭아삭 더 맛있다.

TOP 37

분식집 쫄면

분식집의 대표 메뉴, 새콤달콤한 쫄면입니다.
아하부장의 쫄면 소스는 여러분이 이제껏 맛본 적 없는 독특하고 새로운 맛일 거라 자신합니다.
쫄면과 함께 먹으면 좋은 부드러운 계란국을 만드는 방법도 함께 소개합니다.

재료(1인분)	쫄면 200g, 당근 50g, 오이 50g, 양배추 50g, 상추 30g 콩나물 50g, 삶은 계란 1개
계란국	계란 1개, 다진 마늘 ½T, 소고기 다시다 ½T, 송송 썬 대파 약간
고기볶음	다진 돼지고기 150g, 다진 마늘 ½T, 간장 ½T, 설탕 ½T, 미원 약간
소스(3인분)	식초 5T, 간장 1+½T, 미림 2+½T, 설탕 6T 미원 ½T, 소고기 다시다 ½T, 물엿 3T 고추장 5T, 박카스 1T

 유튜브 영상

1. 당근, 오이, 양배추는 얇게 채 썰고, 상추는 큼직하게 썬다.
2. 냄비에 물(480ml)을 붓고 깨끗이 씻은 콩나물을 삶는다. 물이 끓기 시작하면 3분 더 끓인 다음 불을 끄고 콩나물만 건져 차가운 물에 식힌다.
3. 계란국을 만들기 위해 **2**의 콩나물 끓인 물에 다진 마늘과 다시다를 넣어 불을 켠다. 계란물을 조금씩 부으며 국자로 계속 젓다가 송송 썬 대파를 넣어 완성한다.
4. 고명용 고기볶음을 만들기 위해 팬에 식용유(1T)를 둘러 돼지고기를 볶다가 다진 마늘, 간장, 설탕, 미원을 넣고 함께 볶아 식힌다.
5. 큰 볼에 소스 재료를 모두 담아 잘 섞는다. 소스는 3일 정도 숙성해서 사용한다.
6. 쫄면을 손으로 잘 풀어서 끓는 물에 3~4분간 삶는다. 중간중간 뭉친 면을 풀어준다. 그릇에 삶은 쫄면과 채 썬 야채, 콩나물, 삶은 계란, 고기볶음을 담아 소스와 함께 비벼 먹는다. 계란국도 곁들인다.

TOP 38

한국인의 소울 푸드
제육볶음

평범한 듯 평범하지 않은 아하부장표 제육볶음입니다.
국물 없이 자작하게 요리한 것이 특징입니다.
밥 한 공기가 순식간에 사라지는 마법을 경험해보세요.

재료(3인분) 돼지고기(삼겹살) 400g, 대파 1뿌리, 부추 약간, 청양고추 4개
양파 ½개, 당근 ¼개, 홍고추 2개, 만가닥버섯 적당량
떡볶이 떡 적당량, 식용유 2숟갈, 고추기름 1숟갈, 참기름 약간

양념 작게 다진 생강 약간, 고춧가루 2숟갈, 설탕 1숟갈
참깨 1숟갈, 고추기름 1숟갈, 고추장 1숟갈, 된장 1숟갈
간장 1숟갈, 땅콩버터 1숟갈, 미림 3숟갈
올리고당 2숟갈, 소고기 다시다 ½숟갈
갈아만든 배 ½종이컵

유튜브 영상

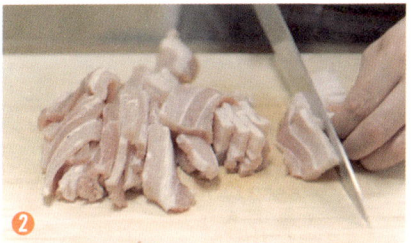

1. 대파와 부추는 3~4cm 길이로 썰고, 청양고추는 큼직하게 썰고, 양파는 얇게 채 썬다. 당근은 2등분하여 얇게 썰고, 만가닥버섯은 밑동을 자르고 가닥가닥 떼어낸다. 떡은 물에 30분간 불린다.
2. 삼겹살은 최대한 얇게 썬다.
3. 양념 재료를 큰 볼에 모두 담아 잘 섞는다.
4. 양념과 삼겹살을 잘 버무린다. 최소 30분에서 하루 정도 냉장 숙성한다.
5. 팬에 식용유와 고추기름을 둘러 고기를 중간 불에서 타지 않게 볶는다. 고기가 어느 정도 익으면 떡과 당근을 넣어 함께 볶는다.
6. 고기가 완전히 익으면 나머지 야채를 모두 넣고 2분 정도 더 볶는다. 참기름을 둘러 완성한다.

TOP 39

삼겹살 한상세트

우리 집에 삼겹살 맛집을 차려볼까요?
삼겹살과 함께 먹을 다양한 요리도 만들어서 한 상 가득 푸짐하게 즐겨보세요.

재료	삼겹살·소시지·팽이버섯 적당량, 쌈 채소·채 썬 대파 적당량, 달래 50g
콩나물국	콩나물 250g, 물 8컵, 다진 마늘 1T, 청양 고춧가루 2T, 소고기 다시다 1+½T
파채 소스	고춧가루 1T, 청양 고춧가루 ½T, 올리고당 1+½T, 사과 식초 3T, 매실 엑기스 ½T
쌈장	다진 마늘 ½T, 고추장 1T, 재래 된장 1T, 참기름 ½T, 볶은 참깨 ½T 올리고당 1T, 고춧가루 ½T, 소고기 다시다 1t, 식용유 ½T 송송 썬 청양고추 3개, 크게 다진 마늘 20g
스파게티	스파게티면 130g, 마늘 10개, 참기름 1t, 후춧가루 약간, 맛소금 ½t, 치킨스톡 ½t
볶음밥	밥 2공기, 돼지기름 ½T, 파채 적당량, 콩나물국 콩나물 약간, 쌈장 1T, 김 가루 약간

1. 냄비에 깨끗이 씻은 콩나물과 물, 다진 마늘과 고춧가루를 담아 콩나물국을 끓인다. 끓기 시작하면 넘치지 않을 정도의 센 불에서 5분 동안 더 끓인 후 다시다로 간을 한다.
2. 볼에 파채 소스 재료를 담아 잘 섞은 다음 채썬 대파와 함께 잘 버무린다.
3. 쌈장 재료를 모두 잘 섞는다. 여기에 달래의 하얀 부분만 송송 썰어 넣으면 맛있다. 1~3일 정도 냉장 숙성하면 좋다.
4. 팬을 달군 다음 삼겹살과 소시지, 미나리를 함께 굽는다. 이때 고기에서 나온 기름(라드)은 따로 그릇에 담아둔다.
5. 팬에 얇게 썬 마늘과 참기름을 볶다가 삶은 스파게티면도 함께 볶는다. 후춧가루, 물(4T), 맛소금, 치킨스톡, 작게 썬 달래를 넣고 휘저으며 볶는다.
6. 4의 돼지기름(½T)을 둘러 작게 자른 삼겹살과 소시지를 볶는다. 밥, 파채, 콩나물국의 콩나물을 조금 넣어 중간 불로 볶다가 쌈장(1T)를 넣어 잘 섞은 다음 센 불에서 좀 더 익힌다. 김 가루를 뿌려 볶음밥을 완성한다.

TOP 40

참 부드러운 돼지갈비

남녀노소 누구나 좋아하는 돼지갈비입니다.
돼지고기는 양념에 어떻게 재우고, 어떻게 구워야 더 부드럽고 맛있을까요?
돼지갈비 전문점의 비법을 알려드립니다.

재료(4인분)   돼지고기(통삼겹살) 1kg

소스   작게 썬 사과 ½개(100g), 채 썬 양파 100g, 마늘 60g
대파 30g, 갈아만든 배 혹은 물 1컵
물 4컵, 사이다 1컵, 청주 ¼컵
요리술 ½컵, 매실 엑기스 ⅛컵, 진간장 1컵
황설탕 1컵, 소고기 다시다 1T
미원 ½T, 참기름 1T, 노두소스 ½T

유튜브 영상

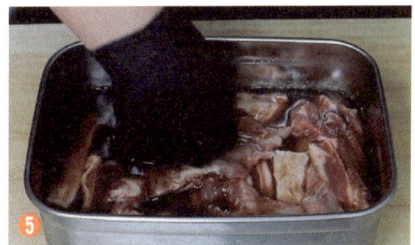
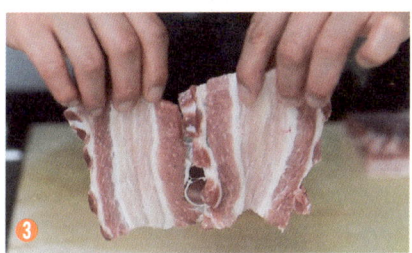

1. 믹서에 사과, 양파, 마늘, 대파, 갈아만든 배를 덩어리 없이 묽게 간다.

2. 1을 1컵(240ml)만 큰 볼에 붓고, 나머지 소스 재료를 모두 넣어 잘 섞는다. 이 소스는 고기 5kg에 맞는 양이니 준비한 고기에 맞게 소스 양을 조절하여 사용한다.

3. 통삼겹살을 앞쪽부터 0.7cm 두께로 칼집을 내다가 끝부분을 조금 남긴 상태로 뒤집어 다시 0.7cm 두께로 칼집을 낸다. 이 과정을 계속 반복하여 고기가 길게 연결되도록 한다.

4. 고기에 양념이 잘 배도록 칼날 앞쪽으로 표면을 콕콕 두드린다.

5. 큰 용기에 소스를 먼저 붓고 고기를 잘 펴서 담는다. 2일 정도 냉장 숙성한다.

6. 불판을 달군 다음 고기를 올려 중간 불로 굽는다. 양념이 타지 않게 잘 뒤집는다.

돼지갈비인데 왜 갈비가 아닌 통삼겹살을 쓰는지 궁금하시죠? 삼겹살은 돼지의 갈비에서 뼈를 제거하고 남은 뱃살 부위입니다. 삼겹살도 사실 갈비라고 할 수 있죠. 또한 한국인이 가장 좋아하는 부드러운 식감이라 돼지갈비 스타일로 즐겨도 정말 맛있습니다.

TOP 41

샤브샤브 칼국수

유명한 프랜차이즈 칼국수집의 샤브샤브 칼국수를 아하부장 스타일로 만들어보았습니다.
칼칼한 특제 소스는 넉넉하게 만들어 매운탕이나 찌개에 활용해도 좋습니다.

재료(3인분)	칼국수면 1개, 소고기(우삼겹) 500g
	알감자 2개, 느타리버섯 100g
	청경채 약간, 미나리 150g
육수	양파 50g, 다시 멸치 30g, 다시마 10g, 대파 뿌리 50g
소스	소고기 다시다 2T, 미원 ½T, 후춧가루 1t, 고춧가루 3T
	청양 고춧가루 1T, 설탕 ½T, 다진 마늘 5T, 재래 된장 1T
	고추장 2T, 간장 3T, 물 ½컵
볶음밥	밥 200g, 송송 썬 미나리·잘게 썬 당근 약간, 계란 1개, 치킨스톡 1t

 유튜브 영상

1. 먼저 육수를 낸다. 양파, 다시 멸치, 대파 뿌리를 넣은 다시팩과 다시마를 냄비에 담고 물(2L)을 붓는다. 물이 끓기 시작하면 중간 불에서 보글보글 15분간 끓인다.

2. 큰 볼을 준비해 소스 재료를 모두 잘 섞는다. 1~3일 정도 냉장 숙성하여 사용하면 좋다.

3. 냄비에 육수 4컵(약1ℓ)을 붓고, 껍질을 벗겨 반으로 자른 알감자와 잘게 찢은 느타리버섯을 넣어 불을 켠다.

4. 소스(4T)와 반으로 자른 청경채, 미나리도 넣어 끓인다.

5. 불을 끄지 않은 상태에서 소고기를 넣어 샤브샤브로 즐기다가 칼국수면도 끓여 먹는다.

6. 팬에 칼국수 국물을 한 국자 붓고 식용유(1T)를 두른 다음, 볶음밥 재료를 모두 넣어 약한 불로 볶는다. 바닥에 밥을 넓게 펴고 불 세기를 최대한 약하게 줄여 노릇노릇하게 익힌다.

TOP
42

닭 한 마리 칼국수

일타쌍피 요리

포동포동한 닭고기와 고소한 국물을 함께 즐기는 동대문식 닭 한 마리 칼국수입니다.
곁들이 반찬인 시원한 물김치를 만드는 법도 함께 알려드립니다.
육수를 내기 위해 썼던 닭을 맛있는 찜닭으로 변신시키는 '일타쌍피 요리'도 기대하세요.

재료(2인분)	닭고기(절단육) 800g 2팩, 칼국수면 1개, 대파 70g 양파 100g, 마늘 약 10개(60g), 0.5cm 두께로 자른 감자 100g 길게 썬 대파 50g, 떡국 떡 약간, 맛소금 1t, 미원 약간 후춧가루 약간, 치킨스톡 1t, 다진 마늘 ½T
물김치	크게 자른 배추 400g, 설탕 3T, 물 ½컵, 꽃소금 3T
물김치 양념	고운 고춧가루 1T, 꽃소금 ½T, 물에 불린 베트남 고추 10개 설탕 1T, 미원 1t, 다진 마늘 1T, 식초 1T, 물 1컵

 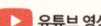 유튜브 영상

1. 먼저 물김치를 만들기 위해 큰 볼에 배추, 설탕, 물, 꽃소금을 담아 잘 버무린다. 비닐 팩을 덮어 한 시간 동안 뒀다가 배추를 물에 깨끗이 씻고 체에 밭쳐 물기를 뺀다.

2. 큰 볼에 **1**의 절인 배추와 물김치 양념 재료를 모두 담아 잘 버무린다. 상온에 2일 정도 뒀다가 냉장 숙성한다.

3. 큰 냄비에 물(5L)을 붓고 깨끗이 씻은 닭고기(800g)와 대파, 양파, 마늘을 넣는다. 뚜껑을 닫고 센 불로 50분간 끓인다.

4. 육수가 완성되면(총 3.5~4L), 야채를 모두 건져내고 고기는 따로 보관했다가 일타쌍피 요리인 '10분 완성 찜닭'을 만들 때 사용한다. 육수도 3컵 따로 보관한다.

5. 넓적한 냄비에 깨끗이 씻은 닭고기(800g), 감자, 대파, 떡을 담고 육수 4컵(1L)을 부어 끓인다. 맛소금, 미원, 후춧가루로 간을 하고 끓기 시작하면 중간 불로 5분 더 끓인다.

6. 치킨스톡과 다진 마늘을 넣고, 칼칼하게 먹고 싶다면 송송 썬 청양고추도 넣는다. 닭을 먼저 먹고 칼국수면도 끓여 먹는다. 물김치와 144p.의 닭곰탕 양념장도 곁들인다.

TOP 43

대구식 볶음 짬뽕

'야끼우동'이라고도 부르는 대구식 볶음 짬뽕을 만들어보겠습니다.
면과 함께 즐겨도 좋고 짬뽕밥으로 즐겨도 맛있습니다.
마지막에 넣는 화유가 짬뽕의 맛을 완성하는 화룡점정입니다.

재료 냉동 짜장면 1봉, 배추 100g, 양파 100g, 파프리카 70g
양송이버섯 50g, 마늘 50g, 대파 50g, 생강 15g
청경채 50g, 꽈리고추 50g, 돼지고기채 150g
냉동 탈각 새우 15마리, 간장 1T, 고춧가루 2T, 청주 3T
전분물(전분 ¼T+물 ½T), 참기름 약간, 화유 ½T

소스 굴소스 4T, 고추기름 4T, 미림 2T, 치킨스톡 1T
미원 ½T, 설탕 2T, 화유 1T, 간장 2T

1. 배추는 1cm 너비로 채 썰고, 양파와 파프리카는 가늘게 채 썬다. 양송이버섯과 마늘은 편썰기하고 대파는 송송 썬다. 생강은 얇게 채 썬다.
2. 큰 볼에 소스 재료를 모두 넣어 잘 섞는다.
3. 팬에 식용유(3T)를 둘러 돼지고기를 볶는다. 고기가 반쯤 익으면 마늘과 생강을 함께 볶다가 대파와 간장을 넣어 볶는다.
4. 재료에 간장이 잘 배면 파프리카를 제외한 야채와 고춧가루를 넣어 타지 않게 잘 볶다가 청주를 세 번에 나눠 붓는다.
5. 새우를 넣어 볶다가 새우가 어느 정도 익으면 소스(4T)와 물(½컵)을 넣어 1분간 볶는다.
6. 다시 물(½컵)을 붓고, 1분간 끓인 다음 파프리카를 넣는다.
7. 전분물을 넣어 잘 섞은 다음 참기름을 약간 뿌려 밥과 함께 먹거나,
8. 6에 삶은 면을 바로 넣어 잘 섞은 다음 화유(½T)를 뿌려 완성한다.

TOP 44

시원한 김치말이 국수

일타쌍피 요리

열무물김치 국물에 소면을 말아 먹는 '열무물김치 국수'와 새콤하게 잘 익은 배추김치를 활용한 '김치말이 국수', 두 종류의 국수를 만들어보겠습니다. 무더운 여름철에 시원하게 즐겨보세요.

열무물김치 국수 삶은 소면 1인분, 열무 1kg, 마늘 100g, 키위 3개
정수된 물 2L, 사이다 2컵, 뉴슈가 ⅓t 혹은 설탕 2T
고운 고춧가루 1T, 꽃소금 ½T, 미원 1t
찹쌀풀(물 1컵+찹쌀가루 1T), 액젓 1T

김치말이 국수 삶은 소면 1인분, 잘 익은 김치 100g, 참깨 ½T
소고기 다시다 1t, 설탕 ½T, 참기름 1t, 다진 마늘 ½T
사이다 4T, 정수된 물 ½컵, 김칫국물 ½컵
식초 ½T, 설탕 ½T, 소금 혹은 진간장 약간

 유튜브 영상

열무물김치 국수 만들기

1 열무는 물에 씻어 반으로 자르고, 마늘은 칼등으로 으깬다. 김치통에 열무와 으깬 마늘을 함께 담는다.

2 키위의 껍질을 벗긴 다음 믹서에 갈아 **1**에 붓는다.

3 큰 냄비에 물부터 액젓까지 넣어 잘 저은 다음 간이 맞는지 확인한다.

4 김치통에 **3**을 붓는다. 뚜껑을 닫고 상온에서 하루 정도 둔 다음 일주일간 냉장 숙성한다. 열무김치 국물에 삶은 소면을 말아 시원하게 즐긴다.

김치말이 국수 만들기

1 잘게 썬 김치와 참깨, 다시다, 설탕, 참기름, 다진 마늘을 잘 섞는다.

2 그릇에 사이다, 물, 김칫국물을 붓고, 식초, 설탕, 소금을 넣어 설탕이 잘 녹도록 저은 다음 냉장실에 30분 정도 둔다. 삶은 소면을 담고 **1**의 김치를 고명으로 올린다.

TOP 45
육향가득 물냉면

사태와 양지로 진하게 육수를 내려 아하부장표 양념을 추가하면
집에서도 웬만한 냉면 전문점보다 더 훌륭한 물냉면을 즐길 수 있습니다.

재료(1인분) 냉면 사리 1개, 무 500g, 오이 2개(500g), 대파 200g
양조식초 1컵, 설탕 8T, 삶은 계란 1개
채 썬 홍고추 약간, 얇게 썬 배 약간

육수 물 8L, 대파 200g
소고기(사태) 800g, 소고기(양지) 600g

육수 양념 소고기 다시다 ½T, 설탕 1T, 식초 1T
박카스 ½T, 간장 1T, 맛소금 ½t

 유튜브 영상

1. 무는 0.3cm 두께로 넓적하게 썰고, 오이는 0.4cm 두께로 둥글게 썬다. 대파는 길게 썬다.
2. 비닐 팩에 무와 오이를 각각 담고 식초(각 ½컵)와 설탕(각 4T)을 넣어 절인다.
3. 큰 냄비에 육수 재료를 담고 뚜껑을 덮어 센 불에서 1시간 동안 끓인다. 1시간 후 약한 불로 줄여 20분간 더 끓인다. 위로 뜬 기름은 걷어낸다.
4. 대파는 건져서 버리고 소고기는 건져서 식힌다. 육수는 체에 걸러 식힌 다음 냉장 보관한다. 고기가 식으면 랩으로 꼼꼼히 싸서 냉장 보관한다.
5. 냉장 보관한 사태와 양지를 꺼내 최대한 얇게 썬다.
6. 기름을 걷어낸 육수(2컵)를 그릇에 담고 육수 양념 재료를 넣어 충분히 잘 젓는다.
7. 면은 손으로 잘 풀어서 끓는 물에 30초간 삶고 차가운 물에 헹궈 그릇에 담는다.
8. 얇게 썬 고기, 2의 무절임과 오이절임, 삶은 계란, 채 썬 홍고추, 얇게 썬 배를 고명으로 올리고, 육수를 부어 완성한다.

TOP
46

쫄깃쫄깃
콩나물 아귀찜

살이 촉촉하고 쫄깃쫄깃한 아귀찜을 만들어볼까요?
집에서 아귀찜을 만들다니, 어렵고 복잡하지 않을까 생각하는 분들 많으시죠?
하지만 생각보다 어렵지 않습니다. 아하부장만 믿고 따라 해보세요.

재료(4인분) 냉동 아귀 2kg
청양고추 5개, 양파 150g
쪽파 50g, 일자 콩나물 1kg, 다진 마늘 1T
버터 50g, 전분물(전분 3T+물 9T)

양념장 굵은 고춧가루 12T, 고운 고춧가루 4T, 다진 마늘 2T
굴소스 4T, 미림 4T, 매실 엑기스 1T, 간장 4T
설탕 6T, 고추장 4T, 소고기 다시다 4T, 미원 약간

 유튜브 영상

1. 청양고추는 송송 썰고 양파는 채 썬다. 쪽파는 길게 썰고 콩나물은 깨끗이 씻는다. 아귀는 차가운 물에 담가 해동한다.
2. 큰 냄비에 아귀를 담고 뜨거운 물을 부어 데친다. 물이 끓기 시작하면 1분 더 팔팔 끓인다. 아귀 머리 쪽에 진흙이 있으므로 사이사이를 물로 깨끗이 씻는다.
3. 큰 볼에 양념장 재료를 모두 넣어 잘 섞는다. 1~3일 정도 숙성해서 사용하면 더 맛있다.
4. 큰 냄비에 식용유(6T)를 두른 다음 콩나물을 전부 넣어 3분 정도 볶다가 살짝 숨이 죽으면 양파, 고추, 다진 마늘, 양념장을 넣어 잘 섞는다.
5. 아귀를 넣고 물(6T)를 부어 잘 섞는다. 쪽파와 버터를 넣어 아귀가 모두 익을 때까지 2분 정도 더 끓인다.
6. 전분물을 붓고 2분 후 물(½컵)을 한 번 더 부어 잘 섞는다.

아귀찜에 사용하는 콩나물은 흔히 보는 콩나물보다 좀 더 굵은 '일자 콩나물'입니다. 가격은 저렴하지만, 박스 단위로 구입해야 한다는 것이 단점이지요. 아귀찜에 쓰고 남은 콩나물은 다양한 요리에 활용해보세요. 일자 콩나물은 식자재 전문 마트에서 구입할 수 있습니다.

TOP 47

구수한
누룽지 삼계탕

여름철 보양식, 구수한 누룽지 삼계탕을 제대로 만들어봅시다.
간단하게 누룽지를 만드는 방법과
전문점 삼계탕 맛을 집에서도 낼 수 있는 몇 가지 팁을 소개합니다.

재료(2인분)
삼계탕용 닭 2마리
대추 약 10개, 대파 3뿌리
찹쌀 1종이컵, 은행 15개
마늘 150g, 물에 불린 보리쌀 ⅓종이컵
완두콩 150g, 엄나무 1봉지
정종 ½종이컵, 밥 1공기
소금 1t, 미원 ½t
찹쌀가루물(찹쌀가루 2숟갈+물 2숟갈)

유튜브 영상

1. 대추 3개는 고명으로 쓰기 위해 칼집을 넣어 씨를 발라낸 다음 돌돌 말아 썬다. 대파는 반은 송송 썰고 반은 그대로 육수에 쓴다.

2. 큰 볼에 찹쌀, 대추 4개, 은행, 마늘 10개. 보리쌀, 완두콩을 담아 잘 섞는다.

3. 닭의 꼬리와 날개 끝을 잘라낸다. 닭의 배를 갈라 **2**를 골고루 넣는다. 닭의 한쪽 허벅지에 칼로 구멍을 내고 반대쪽 다리를 넣어 잘 오므린 다음 압력밥솥에 담는다.

4. 남은 대추와 마늘, 대파, 엄나무를 넣고, 재료가 잠길 정도로 물을 붓는다. 정종을 붓고 압력밥솥의 뚜껑을 닫아 불에 올린다. 끓기 시작하면 12분 동안 삶고 5분간 뜸을 들인다.

5. 누룽지를 만들기 위해 밥에 물(⅓종이컵)을 부어 잘 섞은 다음 팬에 넓게 펴서 약한 불로 천천히 익힌다. 뒤집어서 익힌 다음 다시 뒤집어서 좀 더 익힌다.

6. 압력밥솥의 증기를 빼고 뚜껑을 열어 삼계탕을 다른 냄비에 덜고 소금, 미원으로 간을 한다. 찹쌀가루물과 누룽지를 넣어 1분간 끓인 다음 송송 썬 대파를 올린다.

압력밥솥이 아닌 일반 냄비를 사용한다면, 삼계탕이 끓고 나서 불 세기를 약한 불로 조절한 다음 40분간 더 끓여서 완성하면 됩니다.

TOP 48

황금 양념 국물 불고기

고기를 국물에 적셔 먹는 궁중떡볶이 스타일의 불고기입니다.
맛있는 불고기를 만드는 가장 큰 비결은 역시 양념입니다.
눈대중으로 대충 만드는 양념 말고 재료를 정확히 계량한 아하부장의 황금 비율 양념을 쓰면
누구나 실패 없이 맛있는 불고기를 완성할 수 있습니다.

재료(3인분) 얇게 썬 냉동 소고기(부챗살) 500g, 양파 200g
대파 200g, 당근 50g, 표고버섯 4개, 당면 30g

양념 물 3+½컵, 진간장 ½컵
설탕 ½컵, 다진 마늘 2T
후춧가루 ½t, 소고기 다시다 1T, 미원 1t, 노두소스 1T
볶은 참깨 1T, 참기름 1T, 양파 분말 1T

▶ 유튜브 영상

1. 양파와 대파는 0.4cm 두께로 채 썰고 당근은 얇고 납작하게 썬다. 표고버섯은 먹기 좋은 크기로 썬다.
2. 양념을 만들기 위해 큰 볼을 준비하고 양념 재료를 모두 넣어 설탕이 녹을 때까지 잘 젓는다.
3. 고기를 모두 넣고, 대파, 양파, 당근, 버섯을 반씩 넣어 고기와 함께 살살 섞는다. 이틀 정도 냉장 숙성한다.
4. 뚝배기에 당면을 담고 양념에 재운 고기와 국물을 함께 넣어 불을 켠다. 대파와 양파, 당근을 적당히 넣고 끓인다.
5. 끓기 시작하면 불을 줄이고 중간 불로 5분간 보글보글 끓이며 거품을 건져낸다.
6. 넓적한 팬에 불고기과 국물을 함께 올려 구워도 좋다. 취향에 따라 각종 야채, 떡, 당면 등을 추기한다.

TOP 49
라면만큼 쉬운 쌀국수

아하부장이 사용해보고 정말 괜찮았던 쌀국수용 육수로
라면을 끓이는 것처럼 쉽게 쌀국수를 완성하는 방법을 알려드립니다.
쌀국수 전문점 못지않은 굉장한 맛에 놀라게 될 것입니다.

재료(3인분)
월남쌈 5장, 버미셀리 적당량
쌀국수면 적당량, 훠거면 약간
아워홈 쌀국수용 육수 7T
양파 50g, 청양고추 120g, 숙주 50g
레몬 식초 350ml, 샤브샤브용 소고기 80g
다진 마늘 ½T, 레몬 1조각, 건새우 약간

소스
해선장 ½T, 스리라차 소스 ½T

 유튜브 영상

1. 월남쌈, 버미셀리, 쌀국수면, 훠거면은 물에 담가 30분 정도 불린다. 양파는 얇게 채 썰고 청양고추는 송송 썬다. 숙주는 깨끗이 씻는다.

2. 냄비에 물(2L)과 쌀국수용 육수를 붓고, 훠거면을 함께 넣어 끓인다. 팔팔 끓으면 불을 껐다가 먹기 전에 다시 끓인다.

3. 송송 썬 청양고추를 유리 용기에 담고 고추가 푹 잠길 정도로 레몬 식초를 부어 고추 식초를 만든다.

4. 팬에 식용유(½T)을 둘러 샤브샤브용 소고기와 다진 마늘을 볶는다.

5. 월남쌈을 굵게 썰어 다른 면과 함께 그릇에 담고, 숙주와 양파를 올린다.

6. 팔팔 끓인 육수를 붓고 고기와 레몬, 건새우를 고명으로 올린다. 고기는 소스에 찍어 먹고, 고추 식초를 국물에 조금 타서 즐겨도 좋다. 시판 튀긴 마늘 슬라이스를 뿌리면 더욱 맛있다.

TOP 50

초간단 순댓국

시판 돈우골 엑기스와 팩에 든 순대로 순댓국을 만들어볼까요?
재료도 간단, 만드는 법도 간단하지만
전문점에서 먹는 진한 순댓국에 비교해도 좋을 만큼 맛있습니다.

재료(4인분)
시판 순대 1팩
시판 돼지 내장 2kg
부추 15g, 대파 20g
MS푸드 돈우골 엑기스 50g
새우젓 ½T
미원 ½t
들깻가루 ½T

 유튜브 영상

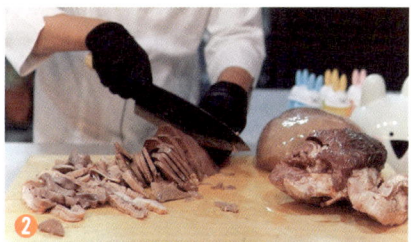

1. 부추는 길게 썰고 대파는 얇게 송송 썬다.
2. 내장은 먹기 좋은 크기로 자른 다음 사용할 만큼만 두고 소분하여 냉동실에 보관한다.
3. 냄비에 물(2L)을 붓고 팔팔 끓이다가 잘라둔 내장을 넣고 5분간 바글바글 끓인다. 순대는 먹을 만큼만 잘라서 전자레인지에 데운다.
4. 3에서 내장을 건져내 따로 두고, 물(1L)을 부어 돈우골 엑기스를 넣는다. 바닥까지 잘 저으며 바글바글 끓인 다음 불을 끈다.
5. 새우젓과 미원으로 간을 하고 들깻가루도 넣어 잘 저어준다.
6. 순댓국과 순대를 그릇에 담고 부추와 대파를 고명으로 올린다.

TOP 51 ~ TOP 75

한정식집 잡채・두 가지 스타일 불고기덮밥・보들보들 매운 갈비찜・매콤달콤 오징어덮밥・바삭 촉촉 매운 깐풍기・고깃집 폭탄 계란찜・살이 꽉 찬 간장게장・남대분식 닭곰탕과 닭죽・단짠의 조화 안동찜닭・별미 회냉면・백 점 만점 육개장・비범한 바지락 칼국수・소고기뭇국 소고기구이・포장마차 두부김치・황금 소스 탕수육・주꾸미볶음과 세 친구・화끈한 국물 닭발・깻잎순 순대볶음・환상의 마파두부・고춧잎 갈치조림・통영의 맛 충무김밥・한국식 카르보나라・얇튀 속촉 후라이드치킨・HOT! 레드치킨・짜장 떡볶이 짜장 라면

TOP 51

한정식집 잡채

일타쌍피 요리

한정식 맛집에 가면 만날 수 있는 먹음직스러운 잡채, 집에서도 만들어볼까요?
잡채의 맛깔스러운 색을 내는 비법과 당면이 뭉치지 않게 하는 노하우 등
아하부장만의 팁이 레시피 안에 숨어 있습니다.

재료(1인분)
당면 100g, 돼지고기채(등심) 200g
말린 표고버섯 3개, 부추 50g
애호박 50g, 당근 50g
느타리버섯 50g, 노두소스 2T
참기름 1T, 식용유 1T
다진 마늘 ½T, 식용유 2T

양념
진간장 1+½T, 설탕 1+½T
소고기 다시다 ½T, 미원 1t

 유튜브 영상

1 말린 표고버섯은 뜨거운 물에 30분 정도 불린 다음 잘게 자른다. 부추는 반으로 자르고, 애호박과 당근은 잘게 채 썬다. 느타리버섯은 가늘게 찢는다.

2 냄비에 물(2L)을 붓고 당면을 넣은 다음 맛깔스러운 색을 내기 위해 노두소스를 넣고 중간 불로 삶는다. 물이 끓기 시작하면 4분 더 삶는다.

3 삶은 당면을 체에 밭쳐 물기를 뺀 다음 볼에 담는다. 낭면이 붙지 않도록 참기름과 식용유를 부어 기름이 면 사이사이에 묻을 수 있도록 잘 섞어서 식힌다.

4 팬에 식용유(2T)를 둘러 돼지고기, 표고버섯, 다진 마늘을 잘 섞으며 중간 불로 볶는다.

5 부추를 뺀 나머지 야채를 모두 넣고 숨만 살짝 죽도록 볶는다. 불을 약한 불로 줄인 다음 양념 재료를 모두 넣고 다시 센 불로 올려 골고루 잘 섞으며 볶는다.

6 야채가 익으면 부추를 넣고 살짝 섞은 다음 불을 끈다. 당면(70g)을 넣고(당면 30g은 일타쌍피 요리에 사용) 젓가락으로 잘 섞은 다음 접시에 담고 깨를 뿌려 완성한다.

- 당면의 먹음직스러운 갈색을 내는 비법은 바로 노두소스입니다. 노두소스는 음식의 색만 낼 뿐 맛에는 거의 영향을 주지 않습니다.
- 당면이 서로 뭉치지 않게 하려면 삶은 후 물기를 최대한 털어내야 합니다. 그런 다음 식용유, 참기름에 잘 버무리면 시간이 지나도 거의 붙지 않습니다.

TOP 52
두 가지 스타일 불고기덮밥

한 가지 소스로 두 가지 스타일의 불고기덮밥을 만들어보겠습니다.
고기를 끓여 익히는 스타일, 구워 익히는 스타일입니다.
달콤 짭짜름한 소스와 부드러운 소고기, 흰 쌀밥의 아름다운 조화를 느껴보세요.

재료(2인분)   소고기(척아이롤) 1kg, 송송 썬 대파 1T, 고추냉이 약간
　　　　　　　미원 1꼬집, 다진 마늘 1t, 참깨 약간, 후룻가루 약간
　　　　　　　참기름 약간, 연겨자 약간

소스　　　　길쭉하게 썬 대파 70g, 납작하게 썬 당근 50g, 두툼하게 썬 양파 250g
　　　　　　　다시마 15g, 1cm 두께로 썬 무 150g, 반으로 썬 청양고추 4개
　　　　　　　마늘 10개, 말린 표고버섯 3개, 표고버섯 1개, 진간장 16T
　　　　　　　미림 8T, 청주 8T, 통후추 1T, 설탕 8T

 유튜브 영상

1 소스 재료 중 대파, 당근, 양파를 팬에 올려 중간 불로 굽는다. 한 번씩 뒤집어가며 거뭇하게 익힌다.

2 냄비에 1의 구운 야채와 나머지 소스 재료를 끓인다. 끓기 시작하면 약한 불로 30분 동안 더 끓인다. 체에 소스만 거른 후 건더기는 버린다.

3 먼저 굽는 스타일로 덮밥을 만든다. 팬을 충분히 달군 후 기름을 두르지 않고 고기의 반(500g)을 굽는다. 30초 정도 구운 후 고기를 뒤집어 소스(4T)를 붓고 보글보글 끓어오르면 불을 끈다.

4 3을 밥과 함께 그릇에 담고 참기름 약간과 송송 썬 대파, 고추냉이를 올려 완성한다.

5 끓이는 스타일로 덮밥을 만든다. 소스(8T)를 팬에 먼저 붓고 미원, 다진 마늘, 송송 썬 대파와 고기(500g)를 담는다. 후춧가루를 약간 뿌린 다음 한쪽 면만 익힌다. 고기 위에 소스를 두세 번 끼얹은 후 불을 끈다.

6 그릇에 밥과 함께 담는다. 송송 썬 대파, 참깨, 참기름과 연겨자를 올려 완성한다.

TOP 53

보들보들 매운 갈비찜

얼큰하게 매운맛이 매력적인 갈비찜입니다.
아하부장만의 특제 매운 소스와 부드러운 갈비의 조화가 기가 막힙니다.
이 레시피로 갈비찜 전문점을 차려도 될 정도라 자신합니다.

재료(3인분)   돼지갈비 1kg, 떡 50g, 당면 30g
　　　　　　 새송이버섯 1개, 무 300g, 깻잎 30g
　　　　　　 대파 1뿌리(50g), 양파 1개(250g)
　　　　　　 청양고추 5개, 베트남 고추 15개

양념　　　 마늘 100g, 생강 5g, 청주 3T, 미림 3T
　　　　　　 올리고당 3T, 간장 4T(80ml), 바비큐 소스 혹은 케첩 4T
　　　　　　 소고기 다시다 1+½T, 설탕 2T, 참기름 1T
　　　　　　 고추장 3T, 고춧가루 8T, 딸기잼 2T

 유튜브 영상

1. 팔팔 끓는 물에 갈비를 5분간 데친 후 물에 씻는다. 떡과 당면은 차가운 물에 불려둔다.

2. 새송이버섯은 얇게 썰고 무는 2등분하여 1cm 두께로 썬다. 깻잎은 크게 채 썰고, 대파는 큼직하게 썬다. 양파는 두툼하게 썰고, 청양고추는 어슷하게 썬다.

3. 소스에 들어갈 마늘은 작게 다지고 생강은 곱게 채 썬다. 큰 볼에 소스 재료를 모두 담아 잘 섞는다.

4. 데친 갈비를 소스와 함께 버무린다. 최소 30분에서 하루 정도 냉장 숙성하면 좋다.

5. 냄비에 무를 먼저 깔고, 소스에 재워둔 갈비를 담는다. 양파, 청양고추, 대파의 반, 반으로 부순 베트남 고추, 물(1.5L)을 넣어 40분간 중간 불로 끓인다.

6. 갈비찜이 완성되면 당면과 떡, 나머지 야채를 모두 올려 약한 불로 조금 더 익힌다.

베트남 고추 같은 매운 고추를 손으로 부술 때는 꼭 장갑을 끼거나, 도마 위에서 칼로 잘라야 합니다. 맨손으로 만질 때 손에 상처가 있다면 위험할 수도 있기 때문입니다.

TOP 54

매콤달콤 오징어덮밥

매운맛이 매력적인 오징어덮밥입니다.
쉽고 간단하지만, 강력한 킥이 있는 한 그릇 요리입니다.
돼지고기도 함께 넣어 오삼불고기로 즐겨도 좋습니다.

재료(2인분)
오징어 1마리(200g)
쪽파 40g, 꽈리고추 8개
양파 100g, 배추 혹은 양배추 100g
청양고추 3개, 굵은 고춧가루 1T
청양 고춧가루 1T, 참기름 ½T

소스
소고기 다시다 1T, 설탕 1T, 후춧가루 1t, 진간장 1T
미림 1T, 파인애플 엑기스 혹은 미림 1T, 굴소스 1T
고추기름 2T, 다진 마늘 1T, 마요네즈 1T

 유튜브 영상

1 쪽파는 5cm 길이로, 꽈리고추는 반으로 자른다. 양파는 1cm 간격으로, 배추는 2cm 간격으로 채 썰고, 청양고추는 어슷하게 썬다.

2 오징어는 가운데를 칼로 갈라 입과 눈, 내장, 뼈를 떼어낸다. 다리는 2개씩 자르고, 몸통은 0.5cm 간격으로 길게 자른다.

3 소스 재료를 큰 그릇에 모두 담아 잘 섞는다.

4 센 불에 팬을 올려 식용유(2T)를 두른 다음 어느 정도 달궈지면 꽈리고추와 청양고추를 살살 볶는다.

5 쪽파와 양파, 배추를 함께 볶는다.

6 야채가 어느 정도 익으면 오징어를 함께 볶는다.

7 소스를 ⅔만 넣고 잘 섞다가 야채에서 수분이 나오면 굵은 고춧가루와 청양 고춧가루를 넣어 볶는다.

8 주걱으로 계속 잘 저어주다가 국물이 걸쭉해지면 불을 끈다. 간을 보고 싱거우면 소스를 좀 더 추가하고, 참기름을 둘러 완성한다.

TOP 55

바삭 촉촉 매운 깐풍기

냄새만 맡아도 기분 좋아지는, 튀김 요리의 끝판왕 '깐풍기'입니다.
겉은 바삭바삭하고, 속에서는 육즙이 팡팡 터집니다.
매콤하고 새콤달콤한 풍미가 입 안에 가득 퍼지는 기쁨! 여러분도 경험해보세요.

재료(3인분) 닭다리(순살) 700g, 청양고추 5개, 대파 30g, 양파 50g, 마늘 5개
말린 베트남 고추 10개, 고명용 고수 약간, 전분물(감자전분 3/4컵+물 3/4컵)
계란 1개(흰자만 사용), 감자전분 8T

밑간 양념 후춧가루 약간, 양파 분말 ½T, 설탕 ½T
소금 1t, 생강 분말 ½t, 치킨스톡 1t, 미림 1T, 카이엔페퍼 ½T

소스 고추기름 4T, 진간장 2T, 물 4T, 설탕 4T
식초 2T, 레몬 엑기스 1T

 유튜브 영상

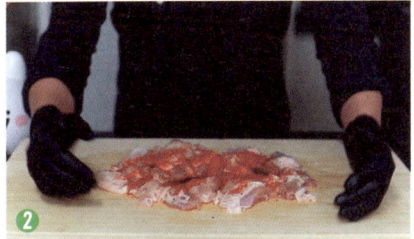

1. 청양고추, 대파, 양파는 굵직하게 썰고, 마늘은 칼등으로 으깬다.
2. 닭고기는 기름을 잘라내고 먹기 좋은 크기로 큼직하게 썬 다음 밑간 양념 재료에 버무린다.
3. 전분물을 만들기 위해 감자전분과 물을 잘 섞은 다음 20분간 그대로 둔다. 물과 전분이 분리되면 위에 뜬 물은 따라내고 전분만 계란 흰자와 함께 살 섞는다. 닭고기에 먼저 감자전분을 골고루 묻힌 다음 전분물에 버무린다.
4. 튀김 기름을 2분 정도 달군 후 닭고기를 넣어 튀긴다. 서로 달라붙지 않게 저어주며 7분간 튀긴 다음 불을 끄고 건져낸다.
5. 소스를 만들기 위해 팬에 고추기름을 둘러 불을 켠다. 베트남 고추, 대파, 마늘을 살짝 볶다가 양파와 청양고추를 넣는다. 고추에서 매운향이 올라오면 레몬 엑기스를 제외한 소스 재료를 모두 넣어 잘 섞는다.
6. 기름을 다시 30초 성도 달궈 닭고기를 5분간 바삭하게 튀긴 다음, 레몬 엑기스를 넣은 소스와 함께 센 불에서 재빨리 볶는다. 그릇에 담고 고수를 올린다.

TOP 56

고깃집 폭탄 계란찜

고깃집에서 먹어본 풍성하게 부푼 계란찜을 집에서도 만들 수 있을까요?
쉬운 요리 같지만, 포인트를 모르면 결코 성공할 수 없습니다.
아하부장이 포인트만 콕콕 집어 알려드립니다.

재료(2인분)
물 1컵
계란 5개
베이킹파우더 ½T
소고기 다시다 ½T
송송 썬 대파 약간

 유튜브 영상

1 뚝배기에 물(1컵)을 부은 다음, 물을 조금(3T) 덜어 따로 큰 볼에 붓는다. 뚝배기의 물을 끓인다.

2 따로 덜어둔 물에 베이킹파우더, 다시다를 넣은 다음 계란을 풀어 잘 섞는다.

3 물이 바글바글 끓기 시작하면 계란물을 뚝배기에 붓는다. 센 불로 계속 끓이며 바닥과 가장자리 부분을 주걱으로 살살 긁어낸다.

4 순식간에 익으면서 부풀어 오르면 서너 번만 섞고, 불을 최대한 약하게 조절한다. 대파를 조금 올려 완성한다.

TOP 57

살이 꽉 찬 간장게장

여러분께 꼭 알려드리고 싶었던 레시피 중 하나인 간장게장입니다.
만약 간장게장 올림픽이 있다면 이 레시피로 최소한 은메달 정도는 딸 수 있을 거라 생각합니다.
여러분의 '인생 간장게장'이 될 것이라 확신합니다.

재료(8인분) 꽃게 2kg, 쪽파 50g, 청양고추 5개
양파 1개(150g), 마늘 30g, 레몬 ½개

양념장 길게 썬 대파 1뿌리(50g), 반으로 자른 양파 1개(150g), 통마늘 30g
말린 대추 6개(15g), 말린 표고버섯 15g, 다시마 10g
말린 베트남 고추 5g, 씨를 발라낸 사과 ½개, 물 14컵(3L)
간장 3+½컵, 설탕 1+½컵, 미림 ½컵, 통후추 1T
생강 분말 ½T, 미원 ½T

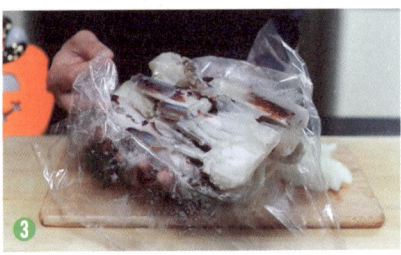

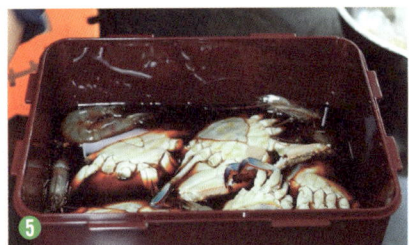

1. 큰 냄비에 양념장 재료를 모두 넣어 끓이다가 끓기 시작하면 다시마는 건져낸다. 불 세기를 낮춰 보글보글 20분 정도 더 끓인다.
2. 양념장을 체에 걸러 건더기는 버리고 충분히 식힌다.
3. 생물 꽃게를 사용한다면 2시간 정도 냉동실에서 얼린다. 꽃게를 얼리면 살이 빠져나오지 않고 좀 더 탱탱한 식감으로 즐길 수 있다.
4. 쪽파는 손가락 한 마디 정도의 길이로 썰고, 청양고추는 어슷하게 썬다. 양파는 도톰하게 채 썰고, 마늘은 편썰기하고 레몬은 얇게 썬다.
5. 얼린 꽃게를 흐르는 물에 깨끗이 씻은 다음 큰 용기에 하나씩 담는다. 게를 담을 때는 배를 위쪽으로 하여 높이가 일정하게 잘 포갠다.
6. 식힌 양념장을 게가 잠길 만큼 붓고 준비한 야채와 레몬을 모두 넣는다. 게가 위로 뜨지 않도록 무거운 그릇을 올려주면 좋다. 3~5일 정도 숙성하여 먹는다.

TOP 58

남대문식 닭곰탕과 닭죽

일타쌍피 요리

고소하고 담백한 국물 맛이 일품인 닭곰탕을 소개합니다.
맛있는 양념장과 구수한 닭죽까지 함께 만들어보겠습니다.
특히 양념장은 다른 어떤 요리에 활용해도 음식의 맛을 확 올려줄 것입니다.

재료(4인분) 닭고기(절단육) 800g 2팩, 길게 썬 대파 50g, 양파 50g, 다진 마늘 3T
소금 ½t, 후춧가루 약간, 송송 썬 대파 약간, 미원 약간

양념장 송송 썬 대파 50g, 송송 썬 청양고추 4개, 작게 썬 양파 50g
다진 마늘 1T, 액젓 3T, 식초 3T, 설탕 2T, 고춧가루 4T
후춧가루 ½t, 볶은 참깨 1T, 미원 1t

닭죽 밥 1컵(210g), 말린 표고버섯 5개, 표고버섯 우린 물 ½컵
닭 육수 3+½컵, 잘게 찢은 닭살 적당량, 작게 썬 당근 50g
작게 썬 호박 50g, 송송 썬 대파 20g, 맛소금 약간

 유튜브 영상

1. 야채를 각각 썰어 준비하고, 표고버섯은 뜨거운 물(1컵)에 불린 후 얇게 채 썬다. 표고버섯 불린 물은 닭죽을 만들 때 사용한다.

2. 큰 냄비에 물(6L)과 깨끗이 씻은 닭, 대파, 양파, 다진 마늘을 넣고 센 불로 1시간 동안 뚜껑을 덮고 끓인다.

3. 큰 볼에 양념장 재료를 모두 담아 잘 섞는다. 양념장은 1~3일 정도 숙성하면 더 맛있다.

4. 육수의 기름을 건져내고 냄비 옆면에 묻은 찌꺼기는 닦는다(완성된 닭 육수의 양은 4L). 닭을 건져내 살을 먹기 좋게 찢는다.

5. 육수를 한 번 먹을 만큼만 덜어 소금과 후춧가루로 간을 한다. 찢어둔 닭을 넣고 다시 끓인다. 송송 썬 대파와 미원을 넣어 마무리한다.

6. 닭죽을 끓이기 위해 믹서에 밥과 표고버섯 우린 물(½컵)을 간 다음 닭 육수(840ml)와 함께 센 불로 끓인다.

7. 가늘게 썬 표고버섯과 찢어둔 닭고기 적당량을 넣는다. 끓기 시작하면 약한 불로 줄여 10분 정도 더 끓인다.

8. 당근, 호박, 대파를 넣고 약한 불로 5분 더 끓이다가 맛소금으로 간을 한다.

TOP 59

단짠의 조화
안동찜닭

밥을 비벼 먹고 싶을 만큼 맛있는 국물과 탱글탱글한 닭고기가 잘 어우러진 찜닭입니다. 웬만한 안동찜닭 전문점과 비교해도 전혀 아쉽지 않은 맛입니다.

재료(3인분)
닭고기(절단육) 1kg, 당면 70g
말린 표고버섯 5개, 대파 2뿌리(100g)
감자 3개(350g), 청양고추 3개, 당근 ¼개(100g), 양파 1개(350g)
양배추 350g, 삶은 계란 3개, 말린 베트남 고추 20개
노두소스 1숟갈, 참기름 1숟갈

소스
간장 3T, 굴소스 1T, 청주 2T, 미림 2T
고추기름 1T, 올리고당 1T, 다진 마늘 1T
후춧가루 약간, 설탕 3T, 소고기 다시다 ½T, 미원 ⅓T

  유튜브 영상

1. 당면과 말린 표고버섯은 미지근한 물에 30분~1시간 정도 불린다. 물에 불린 표고버섯은 밑동을 잘라내고 얇게 채 썬다.
2. 대파는 5cm 길이로 어슷하게 썰고, 감자는 4등분한다. 청양고추는 어슷하게 썰고 당근은 납작하고 둥글게 썬다. 양파는 큼직하게 채 썰고, 양배추는 양파와 비슷한 크기로 자른다.
3. 큰 볼에 소스 재료를 모두 담아 잘 섞은 다음 소스 양(1컵)의 3배 정도 물(3컵)을 부어 섞는다.
4. 탱글탱글한 식감을 위해 팔팔 끓는 물에 닭을 한 번 데친 다음 깨끗한 물에 씻는다.
5. 큰 냄비에 데친 닭과 소스, 표고버섯, 베트남 고추, 삶은 계란, 감자, 당근을 넣고, 나머지 야채는 반만 넣고 끓인다.
6. 보글보글 끓기 시작하면 8분간 더 끓인 다음 남은 야채를 넣고 7분 더 끓인다. 7분 후 노두소스, 참기름, 당면을 넣고 팔팔 끓여 완성한다.

TOP 60

별미 회냉면

집에서 만들 수 있는 냉면의 끝판왕, 회냉면입니다.
'집에서 어떻게 회냉면을 만들지?'라고 생각할지 모르지만, 어렵지 않습니다.
여러 가지 비법들이 숨어 있으니 아하부장만 믿고 따라 해보세요.

재료(1인분) 냉면 사리 1개(150g), 냉동 명태살 300g, 무 300g
오이 300g, 물엿 2컵, 소금 2T, 식초 1T
미림 1T, 겨자 분말 2T, 냉면 육수 1봉지

소스 양파 ½개(70g), 껍질 벗긴 오렌지 150g, 갈아만든 배 1컵, 고춧가루 8T, 식초 2T
간장 5T, 매실 액기스 2T, 미림 2T, 다진 마늘 1T, 참기름 1T, 볶은 참깨 1T
삭힌 겨자 1T, 소고기 다시다 ½T, 미원 ½T

회무침 양념 볶은 참깨 1T, 고춧가루 1+½T, 뉴슈가 ½t
식용 빙초산 ½T, 미원 ½t, 참기름 ½T

 유튜브 영상

1. 무와 오이는 0.3cm 두께로 길게 채 썰어 물엿과 잘 섞은 다음 22시간 동안 냉장 숙성한다.

2. 길게 채 썬 명태살을 볼에 담고 소금, 식초, 미림과 함께 버무려 22시간 동안 냉장 숙성한다.

3. 삭힌 겨자를 만들기 위해 겨자 분말과 물(4T)을 잘 섞은 다음 윗면을 랩으로 감싸거나 뚜껑을 덮어 중탕으로 끓인 후 식힌다.

4. 믹서에 양파와 오렌지, 갈아만든 배를 간 다음 나머지 소스 재료와 잘 섞는다. 하루 정도 숙성해서 먹으면 좋다.

5. 1의 무와 오이는 체에 걸러 물기를 꼭 짜고, 명태살도 깨끗이 씻어 물기를 짠다.

6. 무와 오이, 명태살을 큰 볼에 함께 담고 회무침 양념 재료와 함께 잘 섞는다(이때 빙초산은 손에 묻지 않도록 조심한다). 1~3일 정도 숙성해서 먹으면 좋다.

7. 면은 손으로 가닥가닥 잘 떼어낸 다음 끓는 물에 30초만 삶아 차가운 물에 씻는다.

8. 그릇에 면을 담고 소스(4T), 회무침 적당량, 삭힌 겨자 약간, 참기름과 참깨를 올린다. 냉면 육수(3T)를 부어 먹는다.

TOP 61

백점 만점 육개장

재료도 간단하고 만드는 방법도 간단한데, 엄청난 맛이 나는 고급 육개장입니다.
한번 맛보면 밖에서 사 먹는 육개장이 눈에 들어오지 않을 수도 있습니다.
쭉쭉 찢은 소고기를 고명으로 듬뿍 올려 즐겨보세요.

재료(6인분)
소고기(양지) 600g
대파 500g
무 500g, 생강 10g, 당면 적당량

양념
다진 마늘 2T, 고운 고춧가루 1T
청양 고춧가루 1T, 굵은 고춧가루 1T
후춧가루 1t, 진간장 2T
소고기 다시다 2T, 미원 1t

 유튜브 영상

1. 대파는 길게 썰고 무는 4등분한다. 생강은 껍질을 벗기고, 당면은 차가운 물에 불려둔다.
2. 냄비에 고기, 무, 생강을 넣고 물(3L)을 부어 끓인다.
3. 물이 끓기 시작하면 거품을 건져내고 1시간 30분 정도 중간 불로 끓인다. 30분마다 줄어든 양만큼 물을 보충하여 처음의 양과 맞춰주며 끓인다.
4. 1시간 30분이 지나면 마지막으로 물을 한 번 더 보충한 다음 고기, 무, 생강을 건져낸다.
5. 대파와 양념 재료를 넣고 끓이다가 끓기 시작하면 10분간 중간 불로 보글보글 끓인다.
6. 건져낸 고기를 잘게 찢는다. 뚝배기에 물에 불린 당면을 먼저 깔고 육개장을 적당량 부은 다음, 찢어둔 고기를 듬뿍 올려 먹는다.

쭉쭉 찢은 고기는 한 번 먹을 만큼 나눠서 비닐 팩이나 밀봉할 수 있는 용기에 담아 냉동실에 보관하며 필요할 때마다 사용하면 좋습니다.

TOP 62

비범한 바지락 칼국수

아하부장이 칼국수집을 차린다면 꼭 이 레시피로 요리할 생각입니다.
흔한 재료에, 조리법도 간단하지만 그 맛은 비범합니다.
따끈한 칼국수가 생각나는 날, 만들어보세요.

재료(1인분)
칼국수면 140g
주키니호박 20g
당근 20g, 양파 50g
대파 30g, 청양고추 3개
부추 약간, 바지락 150g
청주 1T, 다진 마늘 1T
간장 ½T, 소고기 다시다 ½T
미원 1t

유튜브 영상

1. 호박과 당근, 양파는 얇게 채 썰고 대파와 청양고추는 얇고 어슷하게 썬다. 바지락은 체에 밭쳐 물기를 뺀 다음 키친타월로 감싸 물기를 최대한 없앤다.
2. 팬에 식용유(4T)를 둘러 연기가 조금 올라올 만큼 센 불로 달군 다음 바지락을 1분 30초 정도 볶는다. 이때 기름이 튈 수 있으므로 다치지 않도록 조심해야 한다.
3. 청주를 붓고 30초간 너 볶은 다음 양파와 대파도 함께 볶는다.
4. 다진 마늘을 넣어 볶다가 야채가 어느 정도 익으면 청양고추와 물(3컵), 간장, 다시다, 미원을 넣어 잘 섞는다.
5. 물이 끓기 시작하면 칼국수면, 호박, 당근을 넣어 면이 익을 때까지 4분 정도 끓인다.
6. 맛을 본 다음 간장이나 소금, 후춧가루로 간을 맞추고 마지막으로 먹기 좋은 크기로 썬 부추를 넣어 완성한다.

TOP 63

소고기뭇국
소고기구이

일타쌍피 요리

우리 집에 소고기 전문점을 차려볼까요?
밖에서 사 먹는 갈비탕과 똑같은 맛이 나는 소고기뭇국과
감칠맛이 살아 있는 소고기구이, 두 가지 요리를 함께 만들어봅시다!

소고기뭇국 소고기(국거리용) 200g, 무 250g
대파 50g, 표고버섯 1개
다진 마늘 1T, 후춧가루 1t
국간장 ½T, 소고기 다시다 ½T

소고기구이 소고기(등심) 250g, 맛소금 ½t
미원 약간, 후춧가루 약간
설탕 ½T, 다진 마늘 ½T
참기름 ½T, 식용유 ½T

유튜브 영상

1. 무는 0.2cm 두께의 사각형 모양으로 썰고 대파는 어슷하게 썬다.
2. 냄비에 소고기, 무, 대파를 넣고, 물(5컵)을 부어 끓인다.
3. 물이 끓기 시작하면 15분 정도 중간 불로 끓이다가 거품을 걷어낸다.
4. 다진 마늘과 후춧가루, 국간장, 다시다로 간을 하고 뚜껑을 덮어 끓인다.
5. 소고기구이 재료를 모두 큰 그릇에 담아 조물조물 섞는다.
6. 팬을 센 불로 달구다가 불을 약간 줄여 고기를 굽는다. 취향에 따라 양파나 대파 같은 야채를 곁들여 구워도 좋다.

TOP 64

포장마차 두부김치

누구든 간단하게 만들 수 있는 최고의 밥반찬, 최고의 술안주인 두부김치입니다.
대패 삼겹살, 꽈리고추와 함께 볶은 김치, 노릇노릇하게 구운 두부의 조화가 끝내줍니다.

재료(3인분)
두부 1모
잘 익은 김치 500g
김칫국물 1T
꽈리고추 100g
대패 삼겹살 500g, 후춧가루 1t
다진 마늘 1T, 설탕 2T
굵은 고춧가루 1T, 청양 고춧가루 1T
소고기 다시다 1T, 참기름 1T

 유튜브 영상

1. 두부는 반을 잘라 0.8cm 두께로 자르고, 꽈리고추는 끝을 잘라내 반으로 자른다. 두부는 키친타월로 톡톡 두드려 물기를 없앤다.
2. 팬에 대패 삼겹살, 후춧가루, 다진 마늘을 볶다가 고기가 어느 정도 익고 수분이 생기기 시작하면 꽈리고추를 함께 볶는다.
3. 꽈리고추의 향이 올라오면 먹기 좋게 썬 김치와 김칫국물, 설탕을 넣어 볶는다.
4. 고춧가루와 다시다를 넣고 잘 볶은 다음 물(8T)를 넣어 섞는다. 김치가 잘 볶아지면 불을 끄고 참기름을 두른다.
5. 팬에 식용유(1T)를 둘러 중간 불로 달군 다음 두부를 노릇노릇하게 굽는다.
6. 접시에 볶은 김치를 담고 깨를 살짝 뿌린다. 그 위에 구운 두부를 올려 완성한다.

김치는 새콤하게 잘 익은 것을 쓰는 것이 좋습니다. 묵은지에 가까운 김치를 쓴다면, 설탕으로 신맛을 잡아줘야 합니다. 설탕을 레시피보다 조금 더 넣으세요.

TOP 65

황금 소스 탕수육

남녀노소 누구나 좋아하는 요리가 바로 탕수육이 아닐까요?
탕수육 소스는 어떻게 만들어야 더 새콤달콤 맛있는지,
고기는 어떻게 튀겨야 바삭바삭 쫄깃쫄깃한지, 아하부장이 모두 알려드립니다.

재료(2인분)   돼지고기(안심) 200g, 파프리카 100g
양파 100g, 오이 100g
복숭아 약간, 소금 약간
후춧가루 약간, 미림 약간

소스   설탕 10T, 식초 4T, 간장 ½T, 케첩 4T
물 12T, 전분물(감자전분 ½T+물 1T)

반죽   감자전분 8T, 물 4T, 식용유 1T

  유튜브 영상

1. 파프리카, 양파, 오이, 복숭아는 먹기 좋은 크기로 썬다.
2. 돼지고기는 2cm 두께로 굵게 썬 다음, 칼등으로 두드려 납작하게 편다.
3. 소금, 후춧가루로 돼지고기에 밑간을 한다. 그런 다음 볼에 담고 미림을 살짝 뿌려 잘 버무린다.
4. 팬에 전분물을 제외한 소스 재료를 끓이다가 팔팔 끓으면 전분물을 넣어 농도를 걸쭉하게 맞추고 파프리카, 양파, 오이, 복숭아를 넣어 섞는다.
5. 큰 볼에 반죽 재료를 담아 잘 섞은 다음 고기도 함께 넣어 손으로 버무린다. 전분이 고기에 잘 묻을 수 있도록 꾹꾹 눌러준다.
6. 튀김 기름을 달구다가 반죽을 조금 넣었을 때 위로 떠오르면 고기를 넣어 5분간 튀긴 후 건져낸다.
7. 튀김 기름의 온도를 중간 불로 줄인 다음 5분 후 불을 다시 세게 올려 고기를 2분간 더 튀긴다.
8. 그릇에 소스와 튀긴 고기를 담는다.

TOP 66

주꾸미볶음과 세 친구

일타쌍피 요리

매콤한 주꾸미볶음과 곁들이로 함께 즐길 세 가지 무침 요리를 함께 소개합니다.
주꾸미볶음을 그냥 먹어도 맛있지만 밥에 주꾸미볶음과 콩나물무침, 얼갈이무침, 무생채를 함께 섞어 비빔밥으로 즐겨도 너무 맛있습니다.

재료(2인분)	주꾸미 400g, 양배추 150g, 굵은 소금 적당량, 화유 1T
소스	청양고추 100g, 청주 4T, 미림 4T, 간장 8T, 고운 고춧가루 16T 굴소스 4T, 다진 마늘 4T, 설탕 12T, 소고기 다시다 2T, 미원 ½T 양파 분말 2T, 생강 분말 ½T, 후춧가루 약간, 화유 4T
콩나물무침	콩나물 50g, 볶은 참깨 1t, 소고기 다시다 1t, 참기름 1t
얼갈이무침	얼갈이 50g, 다진 마늘 1t, 참기름 1t, 간장 1t, 미원 약간
무생채	무 100g, 볶은 참깨 1t, 다진 마늘 1t, 고춧가루 1t, 액젓 1t, 미원 약간

 유튜브 영상

1 양배추는 큼직하게 채 썰고 콩나물은 끓는 물에 데친다. 한 장씩 뜯은 얼갈이와 얇게 채 썬 무는 30분간 설탕에 각각 절여뒀다가 깨끗한 물에 씻어 물기를 뺀다.

2 콩나물, 얼갈이, 무를 각각의 다른 재료와 함께 조물조물 버무린다.

3 주꾸미에 굵은 소금을 뿌려 손으로 잘 치댄 다음 깨끗한 물에 씻는다. 내장을 떼어내고 먹기 좋은 크기로 자른다.

4 소스를 만들기 위해 먼저 믹서에 반으로 자른 청양고추와 청주, 미림, 간장을 갈아서 다른 재료와 함께 잘 섞는다. 소스는 1~3일 냉장 숙성하면 더 맛있다.

5 팬을 달군 다음 기름 없이 양배추와 주꾸미를 먼저 볶는다. 물(4T)를 부어 1분 정도 볶다가 물을 버리고 깨끗한 물로 헹궈서 다시 물을 버린다.

6 5에 식용유(2T)를 두르고 소스(8T)를 넣어 볶다가 소스가 되직해지면 화유를 넣어 완성한다. 주꾸미볶음과 콩나물무침, 얼갈이무침, 무생채를 밥과 함께 비벼 먹는다.

TOP 67

화끈한 국물 닭발

매운 음식이 당기는 날, 술 한 잔과 함께 즐길 안주가 마땅치 않은 날, 화끈한 국물 닭발은 어떠세요? 엄청 맛있지만 엄청 맵기도 합니다. 매운 떡볶이나 매운 닭발 전문점의 '매운맛 3단계'쯤 되는 맛입니다.

재료(2인분) 냉동 닭발 400g
대파 30g, 양배추 100g, 다진 마늘 1T

소스 청양고추 5개, 마늘 10개, 양파 ½개(100g)
미림 8T, 고운 고춧가루 8T, 굵은 고춧가루 8T
파인애플 엑기스 4T, 물엿 8T, 생강 분말 ½T
진간장 8T, 후춧가루 약간, 소고기 다시다 8T
미원 2T, 설탕 4T, 청주 4T, 캡사이신 분말 4T
액상 캡사이신 2T, 화유 4T

유튜브 영상

1. 대파는 어슷하게 썬다. 소스에 들어갈 청양고추는 송송 썰고, 마늘은 칼등으로 으깬다.
2. 소스를 만들기 위해 먼저 청양고추, 마늘, 양파, 미림을 믹서에 곱게 간 다음 나머지 소스 재료와 함께 잘 섞는다. 이 소스는 불닭이나 떡볶이 등을 만들 때 활용해도 좋다.
3. 끓는 물에 닭발을 넣어 데치다가 물이 다시 끓기 시작하면 바로 건져내 차가운 물에 씻어둔다.
4. 냄비에 데친 닭발을 담고 물(3컵)과 양배추를 넣고 끓인다.
5. 끓기 시작한 후 5분 정도 지나면 양배추는 건져서 차가운 물에 담가두고, 다진 마늘과 소스(8T), 대파를 넣어 10분 정도 더 끓인다.
6. 완성한 닭발을 그릇에 담는다. 양배추에 닭발을 싸서 먹는다.

불닭, 엽기 떡볶이 등 매운맛을 강조하는 음식점에서는 대부분 캡사이신을 사용하는 경우가 많습니다. 캡사이신은 분말과 액상 두 가지 종류가 있는데, 액상 제품은 혀가 탈 듯이 강렬한 매운맛이 나고, 분말 제품은 그에 비해 매운맛이 덜한 편입니다.

TOP 68

깻잎순 순대볶음

순대볶음은 양념 맛이 매우 중요한 요리입니다.
아하부장의 강력한 무기인 황금 비율 양념뿐만 아니라
조리 과정에서 유용한 팁들도 알려드리니, 잘 따라 해보세요.

재료(2인분) 시판 찰순대 400g, 양파 200g, 대파 50g
청양고추 2개, 양배추 50g, 부추 30g, 깻잎순 50g
떡볶이 떡 50g, 당면 30개, 후춧가루 약간, 들깻가루 적당량

양념 물엿 8T, 액젓 2T, 간장 3T
들기름 혹은 참기름 1T, 유자청 혹은 유자차 2T
고추기름 1T, 고추장 2T, 다진 마늘 1T
고춧가루 5T, 들깻가루 8T, 미원 1t
소고기 다시다 1T, 생강 분말 ½T, 사이다 혹은 물 3T

 유튜브 영상

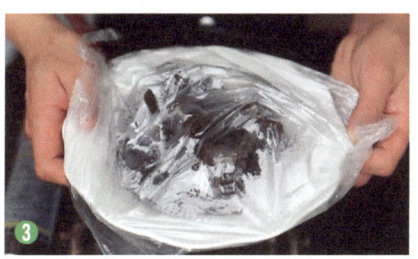

1. 양파는 채 썰고 대파와 청양고추는 어슷하게 썬다. 양배추는 큼직하게 썰고 부추는 5cm 길이로 썬다. 떡은 30분간 차가운 물에, 당면은 30분간 따뜻한 물에 불려둔다.
2. 큰 볼에 양념 재료를 모두 넣어 잘 섞는다. 양념은 1~3일 정도 냉장 숙성하여 사용하면 더 맛있다.
3. 순대는 먹기 좋은 크기로 잘라 접시에 담고 물(½T)를 부어 비닐 팩에 넣은 다음 전자레인지에서 2분 30초간 익힌다.
4. 팬에 식용유(2T)를 둘러 달군 다음 양파, 대파, 양배추, 고추를 3분 정도 볶는다.
5. 떡과 양념(12T), 부추, 순대, 당면, 깻잎순, 후춧가루를 넣어 골고루 잘 섞으며 볶는다.
6. 그릇에 담은 다음 들깻가루를 먹음직스럽게 뿌려 완성한다.

시판 순대는 이미 한 번 조리된 상태이므로 처음부터 다른 재료와 함께 볶으면 나중에 퉁퉁 붇거나 당면이 빠져나올 수 있습니다. 탱글탱글한 순대의 식감을 살리기 위해서는 순대를 따로 전자레인지에 데워 조리 마지막 과정에 함께 볶으면 좋습니다.

TOP 69

환상의 마파두부

밥과 함께 쓱쓱 비벼 먹으면 너무 맛있는 중화요리의 꽃, 마파두부입니다.
매콤하고 짭짜름한 소스와 돼지고기, 표고버섯, 두부의 조화가 환상적입니다.
중화요리 전문점에서도 이 정도 맛을 내기 어려울 정도로 완벽한 레시피입니다.

재료(2인분)
연두부 1팩, 다진 돼지고기(후지) 150g
청양고추 3개, 파프리카 40g
표고버섯 30g, 대파 30g
생강 3g, 베트남 고추 10개
식용유 2T, 고추기름 1T
다진 마늘 ½T, 간장 ½T, 청주 1T, 미림 1T
두반장 ½T, 굴소스 1T, 설탕 ½T, 미원 ½t
후춧가루 약간, 전분물(전분 1T+물 1T), 참기름 ½T

유튜브 영상

1   연두부는 큐브 모양으로 썰고, 청양고추는 반으로 자른다. 파프리카와 표고버섯은 잘게 썬다. 대파는 송송 썰고, 생강은 얇게 채 친다.
2   팬에 식용유와 고추기름을 둘러 센 불로 돼지고기를 볶는다.
3   고기가 익으면 다진 마늘과 생강, 대파를 넣어 15초 정도 볶는다. 그런 다음 간장을 넣어 한 번 섞은 후 청주와 미림을 넣고 섞는다.
4   파프리카, 청양고추, 베트남 고추, 표고버섯을 넣고 30초 정도 볶는다.
5   물(1컵)을 부어 약한 불로 끓이다가 두반장, 굴소스, 설탕, 미원, 후춧가루를 넣고 잘 섞는다.
6   전분물을 반만 부어 잘 섞은 다음 두부를 넣고 주걱으로 바닥을 저어 섞는다. 남은 전분물을 붓고 팬을 흔들어 섞은 다음 불을 끈다. 마지막으로 참기름을 둘러 완성한다.

TOP 70

고춧잎 갈치조림

아하부장의 갈치조림은 흔히 먹던 갈치조림의 맛과 조금 다른 한끗이 있습니다.
갈치의 비린내를 잡는 법도 확실히 알려드립니다.

재료(2인분)
- 냉동 갈치 420g
- 소금 1숟갈, 레몬 ¼개
- 양파 ½개(100g), 대파 1뿌리(100g), 청양고추 3개
- 마늘 5~6개, 무 3~400g
- 말린 고춧잎 10g, 참기름 1숟갈

양념
- 재래 된장 40g, 새우젓 40g
- 설탕 20g, 후춧가루
- 소고기 다시다 15g, 고춧가루 3숟갈

 유튜브 영상

1. 따뜻한 물과 차가운 물을 1:1의 비율로 큰 볼에 부은 다음 소금과 레몬(혹은 식초 2순갈)을 넣고 갈치를 담가둔다. 이렇게 해동하면 비린내가 나지 않는다.
2. 양파는 1cm 두께로 채 썰고 대파와 청양고추는 어슷하게 썬다. 마늘은 굵게 다지고 무는 0.5cm 두께로 썬다. 말린 고춧잎은 따뜻한 물에 불려둔다.
3. 냄비에 물(1L)을 붓고 무와 마늘을 넣는다. 대파, 양파, 고추는 준비한 양의 반만 넣는다.
4. 물이 끓으면 양념 재료를 넣어(이때 고춧가루는 2순갈만 넣는다) 잘 섞은 다음 고춧잎을 넣고 뚜껑을 덮어 15분 동안 끓인다.
5. 해동시킨 갈치를 넣고 국물을 갈치에 끼얹는다. 남은 대파, 양파, 고추를 올리고 고춧가루(1순갈)를 뿌려 뚜껑을 덮는다. 불을 줄여 5분 동안 더 끓인다.
6. 마지막으로 참기름을 둘러 완성한다.

세네갈산 냉동 갈치는 국산 갈치와 비교할 수 없는 압도적인 크기와 저렴한 가격을 자랑합니다. 아하부장은 가성비의 왕, 세네갈산 갈치를 '강추'합니다.

TOP 71

통영의 맛 충무김밥

맛있는 깍두기와 오징어무침이 충무김밥의 맛을 결정한다는 건 알고 계시죠?
아하부장 스타일로 맛을 낸 꼬들꼬들 감칠맛 가득한 깍두기와
매콤 새콤한 오징어무침 만드는 법을 소개합니다.

재료(6인분) 무 700g, 물엿 2컵, 손질 오징어 3마리(280g)
어묵 300g, 김밥용 김 적당량, 밥 적당량

깍두기 양념 고춧가루 6T, 액젓 6T, 설탕 6T
다진 마늘 4T, 갈아만든 배 4T, 미원 1t

오징어무침 양념 대파 70g, 청양고추 2개, 참깨 2T, 고춧가루 6T, 미원 1t
설탕 2T, 간장 2T, 액젓 2T, 다진 마늘 1T

 유튜브 영상

1 무를 어슷하게 썰어 물엿과 함께 버무린다. 냉장고에서 24시간 동안 절인 후 체에 밭쳐 물기를 뺀다.

2 깍두기 양념 재료를 잘 섞은 다음, **1**의 무와 깍두기 양념(5T)을 함께 버무린다.

3 팬에 물(1컵)을 붓고 오징어를 끓이다가 가운데까지 바글바글 끓어오르면 불을 끈다.

4 오징어는 건져서 따로 두고, 오징어를 끓인 물에 사각 모양으로 썬 어묵을 넣고 바글바글 끓인다.

5 어묵을 건져 오징어와 함께 충분히 식히고, 어묵을 데친 물은 버리지 않는다.

6 큰 볼에 오징어무침 양념 재료를 모두 담고, 어묵 데친 물(5T)도 함께 넣어 잘 섞는다. 이 양념은 1~3일 정도 냉장 숙성하면 더 맛있다.

7 데친 오징어, 어묵, **6**의 양념(5T)을 잘 버무린다.

8 김밥용 김을 반으로 잘라 밥을 골고루 편다. 밥에 맛소금을 약간 뿌려 예쁘게 만다. 오징어무침, 깍두기와 함께 접시에 담는다.

TOP 72

한국식 카르보나라

촉촉하고 고소한 맛으로 먹는 아하부장식 카르보나라입니다.
재료만 잘 준비하면, 쉽고 간단하게 완성할 수 있습니다.

재료(1인분)
파스타면 100g
베이컨 70g
양파 ½개
소금 1t(5g), 식용유 ½T
무가당 휘핑크림 혹은 생크림 240ml
우유 240ml
치킨스톡 1t
후춧가루 약간
소금 ½T

 유튜브 영상

1. 베이컨은 2cm 두께로 썰고, 양파는 얇게 채 썬다.
2. 물(2L)을 끓이다가 팔팔 끓으면 소금을 넣고 파스타면을 삶는다. 물이 끓으면 7분 동안 더 끓인 다음 면을 식용유에 버무려둔다.
3. 팬에 식용유(1T)를 둘러 달군 다음 약한 불에서 베이컨을 먼저 볶다가 양파도 함께 잘 섞으며 볶는다.
4. 양파가 어느 정도 익으면 불을 최대한 약하게 줄여 삶은 파스타면을 넣는다. 휘핑크림과 우유를 부은 다음 불을 세게 올려 잘 섞는다.
5. 치킨스톡, 후춧가루를 넣고 끓이다가 소금으로 간을 조절한다.
6. 소스가 너무 되직해지지 않고 주르륵 흘러내리는 정도에서 불을 끄고 그릇에 담는다. 빵이나 루콜라를 곁들이거나 그라나파다노 치즈를 갈아서 뿌리면 더욱 맛있다.

TOP 73

얇튀속촉
후라이드치킨

아하부장 필살기

튀김옷은 얇고 속은 촉촉한 것으로 유명한 프랜차이즈 치킨을 따라 잡아보겠습니다.
튀김옷이 묻은 듯 안 묻은 듯 가벼운 것이 특징입니다.
재료가 조금 복잡해 보일 수 있지만, 모두 대형 마트나 식자재 마트에서 구할 수 있는 것들입니다.
먹어보면 절대 실망하지 않을 완벽한 레시피입니다.

재료(2인분) 닭고기(절단육) 1kg

양념 다진 마늘 20g, 설탕 10g, 소금 3g, 생강 분말 10g
양파 분말 10g, 마늘 분말 10g, 카이엔페퍼 혹은 고운 고춧가루 10g
후춧가루 3g, 바질 가루 10g, 타바스코 소스 혹은 식초 10ml
간장 10ml, 치킨스톡 10g, 미원 3g

튀김옷 전분 ½종이컵

 유튜브 영상

1. 큰 볼에 닭고기를 담고 양념 재료를 모두 넣어 잘 버무린 다음 최소 1시간에서 하루 정도 냉장 숙성한다.
2. 튀김옷으로 쓸 전분을 비닐 팩에 넣어 잘 흔든 다음, **1**의 양념하여 숙성시킨 닭을 모두 넣어 흔들면서 섞는다.
3. 비닐 팩에서 꺼낸 닭은 양념이 골고루 묻은 상태가 아니지만, 이렇게 하면 전문점과 비슷한 맛이 난다.
4. 튀김 기름을 예열하여 닭 조각을 조금 떨어트렸을 때 떠오르기 시작하면 하나씩 넣는다.
5. 3분 정도 튀긴 후 튀김이 서로 눌어붙지 않도록 젓가락으로 한 번 저어준다. 2분 더 튀긴 다음(총 5분) 모두 건져 10분 정도 식힌다.
6. 기름 온도를 다시 올려 7분 정도 튀긴 다음 건져낸다.

TOP 74

HOT! 레드치킨

많은 분이 궁금해하는 유명 치킨 전문점의 레드치킨을 따라 잡아보겠습니다.
집에서 만든 치킨은 사 먹는 치킨보다 맛이 없을 거라는 생각을
아하부장이 확실히 깨드리겠습니다.

재료(2인분) 닭다리 800g(12개), 치킨 튀김가루 혹은 부침가루 2T
반죽(물 1컵+치킨 튀김가루 5T)

밑간 양념 후춧가루 ½t, 설탕 1t, 청양 고춧가루 ½t, 미원 ½t, 간장 1T

소스 간장 2T, 설탕 1T, 올리고당 4T 혹은 물엿 8T
치킨스톡 1t, 후춧가루 ½t, 청양 고춧가루 2T
양파 분말 ½T, 다진 마늘 ½T, 돈가스 소스 1T
스리라차 소스 ½T, 물 3T

유튜브 영상

1. 닭다리는 깨끗이 씻어 물기를 빼고, 밑간 양념 재료와 함께 조물조물 버무린다.
2. 큰 볼에 치킨 튀김가루와 닭다리를 담고, 튀김가루를 닭다리에 골고루 묻힌다.
3. 물과 치킨 튀김가루를 거품기로 잘 섞어 반죽을 만든 다음 **2**의 닭다리를 넣어 버무린다.
4. 튀김 기름을 센 불로 예열하다가 반죽을 조금 넣었을 때 떠오르면 불 세기를 줄여 닭다리를 넣고 4분 정도 튀긴다.
5. 튀김이 서로 달라붙지 않게 젓가락으로 잘 저어준다. 4분이 지나면 닭다리를 건져낸다.
6. 불을 줄여 기름을 5분간 뒀다가 센 불로 올려 다시 4분간 튀긴다. 중간중간 타지 않게 잘 저어준다.
7. 팬에 소스 재료를 모두 넣어 잘 저으며 끓이다가 가운데까지 끓기 시작하면 불을 낮춰 바글바글 1분간 더 끓인다.
8. 튀긴 닭다리에 소스를 골고루 바른다.

TOP 75

짜장 떡볶이
짜장 라면

아하부장 필살기

일타쌍피 요리

아하부장의 필살기, 마법의 '짜장 양념'으로 만드는 떡볶이와 라면입니다.
이 양념이 여러분의 요리 수준을 한 단계 올려 줄 거라 확신합니다.

짜장 양념   시판 짜장 분말 6+½T, 설탕 5T, 치킨스톡 1T, 후춧가루 1t, 미원 ½T
고운 고춧가루 3T, 찹쌀가루 혹은 전분 1T, 양파 분말 1T, 맛소금 ½T

짜장 떡볶이   밀떡 150g, 굵게 채 썬 어묵 2장, 어슷하게 썬 대파 50g
얇게 채 썬 양파 100g, 굵게 채 썬 양배추 50g, 짜장 양념 4T

짜장 라면   라면 사리 1개, 돼지고기채(등심) 100g, 얇게 채 썬 양파 100g
굵게 채 썬 양배추 50g, 어슷하게 썬 대파 50g, 송송 썬 청양고추 3개
베트남 고추 5개, 다진 마늘 ½T, 고추기름 1+½T, 짜장 양념 3T, 참기름 약간

 유튜브 영상

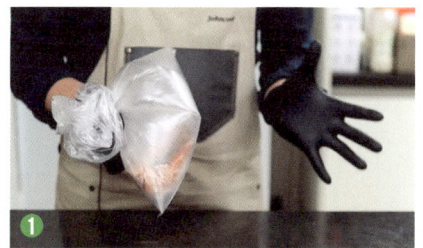

1. 비닐 팩을 2장 겹쳐 짜장 양념 재료를 모두 넣고 2분 정도 흔들어서 잘 섞는다.
2. 먼저 짜장 떡볶이를 만들기 위해 팬에 밀떡, 어묵, 대파, 양파, 양배추를 담고 물(2컵)과 짜장 양념(4T)을 넣고 끓인다.
3. 끓기 시작하면 3분 정도 더 바글바글 끓여 완성한다.
4. 짜장 라면을 끓이기 위해 먼저 라면 사리를 삶고 팬에 돼지고기, 양파, 양배추, 대파, 청양고추, 베트남 고추, 다진 마늘, 고추기름을 중간 불로 5분 정도 볶는다.
5. 돼지고기가 익으면 물(½컵)을 부어 보글보글 끓이다가 짜장 양념(3T)을 넣어 잘 저어준다.
6. 삶은 라면 사리를 넣고, 라면 사리를 끓인 면수를 조금만 넣어서 볶다가 참기름을 살짝 둘러 완성한다.

TOP 76 ~ TOP 100

여름 별미 콩국수・만능 양념장 오리 주물럭・사골국물 일본식 라면・색다른 맛 태국식 덮밥・명동칼국수와 겉절이・5분 안성 소시지 카레・맛 보장 꼬막무침・파김치와 양념게장・아하부장표 로제 떡볶이・가성비 왕 코다리찜・명품 떡만둣국・화끈한 실비김치・원조의 맛 부대찌개・칼칼한 고등어조림・장조림 소스 볶음 우동・무적의 소고기 초밥・육즙 팡팡 떡갈비・분식의 꽃 불고기 김밥・입맛 돋는 소라무침・벌꿀 가득 허니 치킨・얼큰이 동태탕・돼지고기 순두부찌개・굿모닝 에그 샌드위치・마성의 카레 꽃게찜・호텔식 닭고기덮밥

TOP 76

여름 별미 콩국수

시원한 여름 별미, 콩국수를 만들어볼까요?
마트에서 파는 콩가루나 콩국물을 쓰면 편리하긴 하지만
콩을 직접 갈아 만든 진하고 고소한 맛에는 비교할 수 없습니다.
콩국수 전문점처럼 완벽한 콩국수를 만드는 비법을 확실하게 알려드립니다.

재료(2인분) 백태(메주콩) 500g, 시판 아몬드·잣 두유
메밀면 적당량
꽃소금 약간

고명 오이 ⅓개
방울토마토 2개
계란 1개, 호두 약간

  유튜브 영상

1 고명으로 쓸 오이는 얇게 채 썰고 방울토마토는 반으로 자른다. 계란은 완숙으로 삶아서 반으로 자르고, 호두는 그라인더에 갈거나 칼로 곱게 다진다.
2 백태는 6시간 동안 물에 불린다.
3 냄비에 백태와 물을 1:1 분량으로 담아 삶는다. 물이 끓어오르면 7분 정도 더 끓인다. 콩에서 덜 익은 풋내가 나지 않고 씹었을 때 사각사각한 식감이면 잘 익은 것이다.
4 콩을 차가운 물에 씻는다. 이때 위로 떠오른 껍질은 건져낸다. 이 과정을 세 번 정도 반복한다.
5 믹서에 1인분 기준으로 콩과 두유, 물을 200ml 컵으로 1:1:0.5의 비율로 곱게 간 다음 냉장고에 넣어 차갑게 식힌다.
6 끓는 물에 메밀면을 넣고 잘 젓다가 끓어오르면 불을 줄여 4분 정도 더 삶는다. 차가운 물에 헹궈 물기를 뺀 면을 그릇에 담고 콩물을 부은 다음 고명을 올리고 꽃소금으로 간을 한다.

TOP 77

만능 양념장 오리 주물럭

이번 요리에서는 양념장에 특별히 힘을 주었습니다.
이 만능 양념장은 고기를 찍어 먹기도 좋지만,
국수 양념장으로도 좋고 밥에 비벼 먹어도 너무 맛있습니다.
오리 주물럭 대신 훈제오리를 써도 좋습니다.

재료(3인분) 오리 주물럭 600g, 길게 썬 쪽파 100g, 길게 썬 미나리 100g

오리 주물럭 양념 진간장 2T, 설탕 2T, 후춧가루 1t, 소고기 다시다 1t
미원 ½t, 볶은 참깨 1T, 다진 마늘 1T, 양파 분말 ½T, 참기름 1T

양념장 반으로 자른 마늘 1kg, 굵게 썬 양파 1kg, 반으로 자른 청양고추 1kg
진간장 4컵, 설탕 2컵, 식초 4컵, 매실 엑기스 2컵
미림 2컵, 삭힌 겨자(겨자 분말 4T+물 16T+미원 1T)

 유튜브 영상

1. 커다란 밀폐 용기에 양념장 재료 중 마늘을 먼저 깔고 그 위에 양파와 고추를 담는다.
2. 삭힌 겨자를 만들기 위해 냄비에 먼저 물을 부어 팔팔 끓인다. 큰 볼에 물(8T)과 겨자 분말을 잘 섞은 다음 뚜껑을 덮고 냄비 위에 올려 중탕으로 3분 정도 끓인다.
3. 2에 물(8T)과 미원을 넣어 잘 섞는다.
4. 큰 볼에 3의 삭힌 겨자와 나머지 양념장 재료를 모두 담아 설탕이 잘 녹을 때까지 섞은 다음 1에 붓는다.
5. 재료가 둥둥 뜨지 않게 접시를 덮어 10일 정도 냉장 숙성한다. 완성된 양념장에 얇게 채 썬 양파나 미나리를 올려 먹으면 맛있다.
6. 오리 주물럭 양념 재료를 잘 섞은 다음 고기와 함께 버무려 최소 2시간 정도 재워둔다.
7. 팬을 예열한 다음 고기를 올려 중간 불로 굽는다. 이때 미나리와 쪽파도 함께 올려 굽는다.
8. 고기만 양념장에 찍어 먹거나, 그릇에 따뜻한 흰 밥을 담고 고기와 양념장을 함께 올려 먹어도 맛있다.

TOP 78

사골국물 일본식 라면

뽀얀 국물과 구운 삼겹살 고명이 매력적인 일본식 라면을 만들어보겠습니다.
집에서 간단하게 만들어 먹을 수 있는 것 치고는 너무나 놀라운 맛입니다.
이 레시피만 있다면 일본식 라면을 먹으러 전문점까지 갈 필요 없습니다.

재료(1인분) 소면 혹은 라면 사리 1인분, 통삼겹살 적당량
편썰기한 생강 25g, 송송 썬 대파 약간, 고춧가루 ½T
양파 분말 ½t, 노두소스 혹은 진간장 ½T, 설탕 ½T
미원 ¼t, 돈우골 엑기스 30g
반숙으로 삶은 계란 2개, 생강채 5g

소스 양조간장 1T, 치킨스톡 ½T
다진 마늘 ½T, 미림 ½T

유튜브 영상

1. 냄비에 물(2L)과 삼겹살, 편썰기한 생강을 넣고 뚜껑을 덮어 삶는다. 끓기 시작하면 20분간 더 삶은 다음 고기를 뒤집어 뚜껑을 닫고 다시 20분간 삶는다.
2. 소스를 만들기 위해 큰 볼에 소스 재료를 모두 담아 잘 섞는다.
3. 고춧가루에 양파 분말을 잘 섞어둔다.
4. 1의 고기를 건져내고, 고기 삶은 물은 라면 육수로 사용한다. 팬에 삶은 고기를 올리고, 노두 소스를 겉면에 발라 색을 낸다.
5. 설탕과 미원을 약간 뿌려 센 불로 굽는다.
6. 불을 최대한 약하게 줄여 겉면이 바삭해질 때까지 구운 다음 얇게 썬다.
7. 팔팔 끓는 물(1L)에 소면을 센 불로 삶은 다음 2분이 지나면 차가운 물이나 얼음물에 헹궈 물기를 뺀다.
8. 고기 삶은 물(750ml)에 돈우골 엑기스와 소스를 넣어 끓인 다음 그릇에 붓는다. 삶은 면을 담고 고기와 대파, 계란과 생강채, 3의 고춧가루를 뿌려 먹는다.

TOP
79

색다른 맛
태국식 덮밥

일타쌍피 요리

아하부장이 가장 사랑하는 덮밥 레시피 중 하나입니다.
태국의 길거리 포장마차에서 만날 수 있는 돼지고기 덮밥으로,
간단하게 이국적이고 색다른 맛을 즐길 수 있다는 점에서 '강추'합니다.

재료(2인분)   다진 돼지고기 500g, 계란 1개
작게 다진 양파 150g
송송 썬 대파 30g, 다진 마늘 1T
뜨거운 물에 불린 베트남 고추 10개
바질 20g, 피시소스 혹은 까나리액젓 2T
굴소스 1T, 설탕 1T, 후춧가루 1t
미원 1t, 치킨스톡 ½T, 노두소스 ½T

 유튜브 영상

1. 팬에 식용유(1T)를 둘러 예열한 다음, 식용유를 한 군데로 모아 그 위에 계란을 깨트리고 뚜껑을 덮어 30초 정도 익힌다.
2. 팬에 다시 식용유(1T)를 둘러 양파, 대파, 다진 마늘을 중간 불로 볶는다.
3. 베트남 고추를 듬성듬성 썰어 넣고 매운 향이 올라오면 물(120ml)을 붓고 돼지고기를 함께 볶는다.
4. 돼지고기가 어느 정도 익으면 피시소스, 굴소스, 설탕, 후춧가루, 미원, 치킨스톡을 넣고 잘 섞다가 노두소스를 넣어 색을 낸다.
5. 고기가 잘 익었다면 센 불로 불을 올려 바질을 함께 볶다가 숨이 죽으면 바로 불을 끈다.
6. 따뜻한 밥과 함께 접시에 담고 계란을 올려 먹는다.

TOP 80

명동칼국수와 겉절이

5분짜리 초간단 칼국수와 칼국수의 단짝인 겉절이를 함께 만들어보겠습니다.
육수를 따로 내지 않아도 국물 맛이 끝내주는 칼국수와
익히는 과정 없이도 너무 맛있는 겉절이를 만날 수 있습니다.

겉절이 배추 1포기(700g), 굵은 소금 3T, 양파채+당근채 50g, 무채 70g
다진 마늘 50g, 다진 생강 10g, 작게 자른 쪽파 50g, 물에 불린 건고추 30g

겉절이 양념 액젓 2T, 설탕 1T, 새우젓 ½T, 미원 ½t, 사이다 3T, 올리고당 1T, 고춧가루 1T

칼국수(1인분) 칼국수면 1개, 만두 5개, 채 썬 양파 75g, 채 썬 호박 50g, 간장 ½T
다진 돼지고기 50g, 다진 마늘 ½T, 반달 모양으로 썬 감자 50g
사골 농축액 ½T, 후춧가루 약간, 설탕 ½t, 소고기 다시다 1t
작게 자른 부추 20g, 송송 썬 대파 약간

1. 배추를 길게 찢어 볼에 담고 굵은 소금(2T)을 뿌린다. 물(4T)을 붓고 굵은 소금(1T)을 다시 뿌려 잘 섞은 다음 20분간 그대로 둔다. 배추를 골고루 섞은 다음 다시 20분간 둔다.
2. 배추를 흐르는 물에 세 번 정도 씻은 다음 체에 밭쳐 물기를 뺀다.
3. 큰 볼에 건고추와 절인 배추를 제외한 겉절이 재료를 모두 담고, 건고추는 꼭지만 따서 믹서에 굵게 간 다음 함께 담는다.
4. 3에 겉절이 양념 재료를 모두 넣어 손으로 조물조물 잘 버무린 다음 절인 배추와 섞는다.
5. 칼국수를 만들기 위해 먼저 팬에 식용유(1T)를 둘러 예열한 나음, 양파와 호박을 볶다가 간장과 돼지고기를 넣어 잘 섞으며 볶는다.
6. 다진 마늘을 넣어 볶다가 감자를 넣고 물(3컵), 사골 농축액, 후춧가루, 설탕, 다시다를 넣어 끓인다.
7. 물이 끓기 시작하면 칼국수면과 만두를 넣어 4분 동안 끓인다.
8. 그릇에 칼국수를 담고 부추와 대파를 올려 완성한다. 겉절이와 함께 즐긴다.

TOP 81

5분 완성 소시지 카레

저렴한 재료로 간단하게 완성할 수 있는 가성비 최고의 카레입니다.
아하부장만의 몇 가지 비법을 더해 뻔한 카레가 아닌 색다른 맛으로 즐길 수 있습니다.

재료(1인분)
고형 카레 50g
작게 썬 돼지고기(후지살) 100g
냉동 혼합 야채 혹은 양파 100g
케첩 1T
카이엔페퍼 혹은 고춧가루 ½t
프랑크소시지 1개
계란 1개

▶ 유튜브 영상

1. 팬에 식용유(1T)를 둘러 예열한 다음 돼지고기와 야채를 중간 불로 볶는다.
2. 돼지고기가 익으면 물(1컵)을 붓고 고형 카레를 넣어 잘 풀어준다.
3. 케첩과 카이엔페퍼를 넣어 저어준다. 카레가 끓기 시작하면 불을 끈다.
4. 소시지에 십자 모양으로 칼집을 낸 다음 팬에 식용유(½T)를 둘러 중간 불로 굽는다.
5. 팬에 식용유(½T)를 둘러 계란을 깨트린다. 기름이 보글보글 끓으면 약한 불로 줄인 다음 뚜껑을 덮어 계란을 익힌다.
6. 넓은 접시에 카레를 먼저 담고 밥과 계란, 소시지를 올려 먹는다.

TOP 82

맛 보장
꼬막무침

아하부장이 꼭 알려드리고 싶었던 레시피 중 하나입니다.
반찬이나 술안주로 즐겨도 좋고, 따뜻한 밥과 함께 비벼 먹어도 너무 맛있습니다.

재료(4인분) 해감한 새꼬막 2kg, 쪽파 50g
양파 30g, 마늘 3개
고명용 홍고추 약간, 청양고추 2개

양념 설탕 1T, 고춧가루 3T, 매운 고춧가루 1T
볶은 참깨 1T, 후춧가루 ½t, 다진 마늘 1T
진간장 5T, 사과 식초 1T, 미림 3T
매실 엑기스 1T, 양파 분말 1T
참기름 1T, 미원 1t, 소고기 다시다 1t

 유튜브 영상

1. 쪽파는 2.5cm 길이로 자르고, 양파는 아주 얇게 채 친다. 마늘은 얇게 편썰기하고, 홍고추와 청양고추는 작게 송송 썬다.
2. 냄비에 물을 부어 팔팔 끓으면 새꼬막을 5분간 삶는다. 꼬막을 깨끗한 물에 씻은 후 껍질을 까고 살만 따로 모아둔다.
3. 큰 볼에 양념 재료를 모두 담아 잘 섞는다. 1~3일 정도 냉장 숙성해서 사용하면 더 맛있다.
4. 꼬막살(150g)과 준비한 야채를 모두 그릇에 담아 양념(4T)과 함께 잘 버무린다.

꼬막 2kg을 삶으면 꼬막살은 대략 400g 정도 됩니다. 삶은 꼬막살은 냉동 보관하면 맛의 변화 없이 필요할 때마다 꺼내 쓸 수 있습니다.

TOP 83

파김치와 양념게장

아하부장 필살기

일타쌍피 요리

아하부장표 파김치를 만들어볼까요?
익히는 과정 없이 바로 먹어도 너무 맛있는 파김치입니다.
이 양념으로 양념게장까지 함께 만들 수 있습니다.

파김치	쪽파 200g
양념	양파 80g, 사이다 혹은 물 4T, 고춧가루 4T 청양 고춧가루 4T, 미원 1T, 까나리액젓 3T 진간장 3T, 매실 엑기스 2T, 올리고당 5T, 다진 마늘 2T
양념게장	냉동 꽃게 1팩, 파김치 양념 12T, 설탕 1T 참깨 ½T, 참기름 ½T, 쪽파 약간

 유튜브 영상

파김치 만들기

1 쪽파는 3cm 길이로 자르고, 양념에 들어갈 양파와 사이다는 믹서에 함께 간다.

2 양념 재료를 모두 잘 섞은 다음 쪽파와 양념(10T)을 버무린다.

양념게장 만들기

1 냉동 꽃게는 물에 담가 해동한 다음 깨끗하게 씻어 물기를 빼고, 파김치 양념(12T)에는 설탕을 넣어 게장 양념을 완성한다.

2 큰 볼에 꽃게와 양념을 담고 참깨와 참기름, 쪽파를 약간 넣어 집게나 국자로 잘 섞는다.

TOP 84

아하부장표 로제 떡볶이

아하부장의 필살기, '마법의 빨간 양념(32p.)'을 활용해서
요즘 배달 음식계의 최고 인기 메뉴인 로제 떡볶이를 만들어보겠습니다.

재료(2인분)
- 누들떡 200g
- 양파 70g
- 사각 어묵 100g
- 비엔나소시지 8개
- 우유 1컵
- 무가당 휘핑크림 ½컵
- 아하부장 빨간 양념 2+½T
- 고춧가루 ½T
- 케첩 1T

 유튜브 영상

1. 양파는 얇게 채 썰고 어묵은 먹기 좋은 크기로 썬다.
2. 냄비에 양파, 어묵, 떡, 소시지를 넣고 물(1컵)을 붓는다.
3. 우유와 휘핑크림을 붓고 불을 켠다.
4. 아하부장 빨간 양념과 고춧가루, 케첩을 넣어 잘 저으며 끓인다. 가운데까지 보글보글 끓기 시작하면 5분 정도 더 끓여 완성한다.

TOP 85

가성비 왕 코다리찜

코다리는 구하기도 쉽고 가격도 매우 저렴한 생선입니다.
코다리 특유의 풍미와 감칠맛 가득한 양념이 잘 어우러지는 코다리찜을 만들어보겠습니다.
전문점에서 먹는 코다리찜에 비교해도 전혀 아쉽지 않을 맛입니다.

재료(3인분) 코다리 4마리, 양파 100g, 청양고추 5개, 대파 100g
쪽파 약간, 바지락살 100g, 쌀뜨물 5컵
다진 마늘 1T, 후춧가루 약간, 굵은 고춧가루 약간

양념 고운 고춧가루 8T, 굵은 고춧가루 4T, 간장 4T
미림 4T, 새우젓 1T, 다진 마늘 1T
생강 분말 1t 혹은 간 생강 ½T, 땅콩버터 2T
굴소스 2T, 소고기 다시다 1+½T, 미원 ½T
설탕 4T, 양파 분말 1T

 유튜브 영상

1. 양파는 작게 다지고 청양고추, 대파, 쪽파는 작게 송송 썬다. 바지락살은 팔팔 끓는 물에 데친다.
2. 코다리는 지느러미, 꼬리, 머리를 잘라내고 배를 갈라 깨끗이 씻는다.
3. 냄비에 쌀뜨물을 붓고, 코다리 머리를 넣어 끓인다. 물이 끓기 시작하면 중간 불로 불을 줄여 10분간 더 끓인다.
4. 큰 볼에 양념 재료를 모두 넣어 잘 섞는다. 1~3일 정도 냉장 숙성해서 사용하면 더 맛있다.
5. 팬에 식용유(8T)를 둘러 예열하다가 양파, 고추, 대파, 다진 마늘을 볶는다.
6. 양파가 어느 정도 익으면 바지락살을 넣어 30초 정도 볶다가 **3**의 육수(3컵)를 붓는다. 양념(10T)도 넣어 잘 풀어준다.
7. 손질한 코다리를 서로 반대 방향으로 담은 다음, 후춧가루를 약간 뿌린다. 뚜껑을 덮고 5분 정도 끓인다. 쪽파를 넣고 굵은 고춧가루를 뿌려 6분 정도 졸인다.
8. 중간중간 국물을 코다리에 끼얹으면서 1분 정도 졸여 완성한다.

TOP 86

명품 떡만둣국

소고기 양지를 듬뿍 넣은 명품 떡만둣국입니다.
아하부장은 34p.의 설렁탕 국물을 잘 보관해뒀다가 육수로 활용하는데,
가정에서는 마트에서 구입할 수 있는 사골 농축액을 사용해도 좋습니다.

재료(5인분)
- 떡국 떡 250g, 무 300g
- 소고기(양지) 800g, 대파 1뿌리
- 아하부장 설렁탕 혹은 사골 농축액 1+½컵(360ml)
- 계란 1개, 만두 5개
- 소금 1t, 미원 약간
- 송송 썬 대파 약간
- 김 가루 약간

 유튜브 영상

1. 떡은 차가운 물에 불리고, 무는 1cm 두께로 크게 깍둑썰기한다. 설렁탕 국물이나 사골 농축액을 준비한다.

2. 냄비에 물(3L)을 붓고 무와 양지, 대파 뿌리를 넣어 끓인다. 물이 끓기 시작하면 1시간 동안 더 끓이며 거품을 건져낸다.

3. 지단을 부치기 위해 계란물에 소금을 약간 넣고 잘 풀어준다. 팬에 기름을 둘러 닦은 다음 계란물을 부어 약한 불로 익히다가 80% 정도 익으면 뒤집는다. 10초 후 불을 끄고 가늘게 채 썬다.

4. 2에서 고기를 건져내 기름을 잘라내고 최대한 얇게 썬다.

5. 냄비에 설렁탕 국물이나 사골 농축액, 2의 양지 삶은 육수(360ml)를 붓고 썰어둔 양지(150g)도 함께 넣어 끓인다.

6. 물에 불린 떡과 만두를 넣고 소금, 미원으로 간을 한다. 완성된 떡국을 그릇에 담고 계란지단, 송송 썬 대파, 김 가루를 고명으로 올려 완성한다.

육수가 아주 진하므로 물을 좀 더 부어 10인분을 만들어도 맛의 변화가 거의 없습니다. 양지를 칼로 썰지 않고 손으로 가늘게 찢기 좋을 만큼 부드럽게 익히려면 2시간 정도 삶아야 합니다.

TOP 87

화끈한 실비김치

요즘 인기 최고라는 실비 김치를 만들어보겠습니다.
실비 김치는 자극적인 매운맛과 짠맛으로 즐기는 음식입니다.
입 안이 얼얼할 만큼 강력한 매운맛을 느끼고 싶은 분들이라면 도전해봅시다.

재료
절인 배추 700g
찹쌀풀 2+½T

양념
베트남 고추 1T, 새우젓 ½T
생강 ½T, 멸치액젓 5T
꽃소금 ½T, 베트남 고춧가루 6T
청양 고춧가루 3T, 다진 마늘 3T
올리고당 5T, 미원 1T

▶ 유튜브 영상

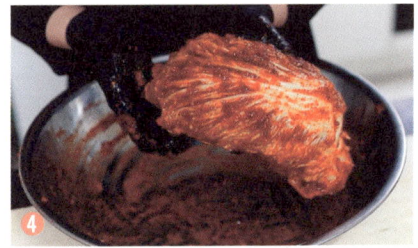

1 양념 재료 중 베트남 고추, 새우젓, 생강, 멸치 액젓, 꽃소금을 믹서에 갈아 큰 볼에 담고 나머지 양념 재료를 넣는다.

2 물과 찹쌀가루의 비율을 10:1로 맞춰 찹쌀풀을 만든 다음 **1**에 넣는다.

3 양념을 잘 섞는다. 이 양념은 최소 하루 정도 냉장 숙성해서 사용하면 좋다.

4 절인 배추에 양념을 골고루 발라 완성한다.

TOP 88

원조의 맛 부대찌개

아하부장이 정말 좋아하는 프랜차이즈 부대찌개 전문점의 맛을 따라잡아 보겠습니다.
부대찌개 맛은 어떤 햄과 소시지를 사용하느냐에 따라 크게 달라집니다.
전문점에서 사용하는 제품이 무엇인지 모두 알려드리겠습니다.

재료(2인분)
대파 80g, 양파 50g
콘킹 소시지 150g
바스 햄 150g
카보트 다진 소고기(민찌) 100g
잘 익은 김치 50g
다진 마늘 1T, 소고기 다시다 1T
치즈 ½조각, 돈우골 엑기스 10g
고춧가루 1T

유튜브 영상

1. 대파는 어슷하게 썰고, 양파는 얇게 채 썬다. 소시지는 어슷하게 썰고, 햄은 0.5cm 두께로 길게 채 썬다. 김치는 먹기 좋은 크기로 썬다.
2. 큰 냄비에 소시지와 햄, 다진 쇠고기를 담고 양파와 김치도 올린다.
3. 다진 마늘과 소고기 다시다를 넣은 다음, 대파와 치즈를 올린다.
4. 물(2컵)에 돈우골 엑기스를 잘 풀어준 다음 3에 붓고 고춧가루를 뿌린다. 뚜껑을 덮어 끓이다가 끓기 시작하면 잘 섞어 완성한다.

원조 부대찌개에 들어가는 콘킹(CORNKING) 소시지, 바스(BARS) 햄, 카보트(CABOT) 다진 소고기는 온·오프라인 식자재마트에서 구입할 수 있습니다. 온라인에서 제품명을 검색해보면 다양한 판매처를 찾을 수 있습니다.

TOP 89

칼칼한 고등어조림

식탁에 올리면 최소한 밥 세 공기는 뚝딱할 수 있는 고등어조림입니다.
고등어조림을 정말 잘하는 전문점의 맛을 그대로 살렸습니다.
오늘 저녁 반찬으로 준비해보세요.

재료(2인분) 토막 낸 고등어 500g, 대파 50g
청양고추 4개, 양파 1개(200g)
무 400g, 다진 마늘 1T, 고춧가루 약간

양념 설탕 4T, 간장 4T
다진 마늘 1T, 소고기 다시다 1T
미원 ½T, 고춧가루 8T
고추장 1T, 미림 4T

 유튜브 영상

1. 대파와 청양고추는 어슷하게 썰고, 양파는 채 썬다. 무는 4등분해서 2mm 두께로 얇게 썬다. 고등어의 등지느러미를 가위로 잘라낸다.
2. 큰 볼에 양념 재료를 모두 담아 잘 섞는다.
3. 냄비에 고추와 양파, 무를 각각 반씩 담고 고등어를 사이사이 잘 넣는다. 물(720ml)을 붓고 다진 마늘과 양념을 모두 넣어 5분간 바글바글 끓인다.
4. 남은 고추, 양파, 무를 모두 넣고 불 세기를 최대한 약하게 줄인다. 고춧가루를 약간 뿌린 다음 뚜껑을 덮어 3분 더 끓인다.

고등어조림에 들어가는 무를 좀 더 부드러운 식감으로 즐기고 싶다면, 무를 미리 끓는 물에 약한 불로 데친 다음 고등어조림에 넣어보세요. 환상적인 식감의 무가 완성됩니다.

TOP 90

장조림 소스 볶음 우동

일타쌍피 요리

장조림 반찬도 만들고, 장조림 국물로 볶음 우동도 만들 수 있는 똑똑한 레시피입니다.
특별하지 않은 재료와 간단한 조리법으로도 최고의 결과물을 얻는 것,
아하부장이 여러분에게 전하고 싶은 '요리의 즐거움'입니다.

장조림	껍질을 깐 메추리알 1kg, 꼭지 뗀 꽈리고추 250g 작게 자른 표고버섯 3개, 계란 5개
양념	간장 200ml, 설탕 200ml, 미림 ½컵, 후춧가루 1t 소고기 다시다 1T, 미원 ½T, 노두소스 2T, 다진 마늘 2T
볶음 우동	우동면 1팩, 다진 돼지고기(후지) 2T, 식용유 1T, 다진 마늘 ½T 고추기름 1T, 먹기 좋게 썬 양배추 약간, 장조림 국물 3T, 후춧가루 약간

 유튜브 영상

1. 깨끗한 물에 씻은 메추리알, 꽈리고추와 표고버섯을 냄비에 담는다. 물(2L)을 붓고 양념 재료를 모두 넣어 중간 불에서 1시간 동안 끓인다.
2. 다른 냄비에 계란이 푹 잠길 수 있도록 물을 붓고 중간 불에서 1시간 반 동안 물을 보충하며 삶는다. 삶은 계란의 껍질을 벗겨 1에 넣는다.
3. 볶음 우동을 만들기 위해 팬에 물(½컵)을 붓고 우동면을 끓이기 시작한다.
4. 면을 젓가락으로 잘 풀어주다가 돼지고기와 식용유를 넣어 볶는다.
5. 다진 마늘을 넣어 볶다가 고추기름도 넣어 잘 섞는다.
6. 양배추를 넣어 숨이 죽을 정도로 볶은 다음 장조림 국물을 부어 센 불로 국물이 졸아들 때까지 끓인다. 후춧가루를 약간 뿌려 완성한다.

TOP 91

무적의 소고기 초밥

우리집을 초밥 전문점으로 만들어줄 고급스러운 소고기 초밥입니다.
손님 초대 요리로도 좋고, 특별한 날 즐기는 음식으로도 손색이 없습니다.
식초에 절인 대파를 초밥에 올려 조금 색다르게 즐겨보세요.

재료(2인분)	꽃갈빗살 300g, 밥 200g, 소금 약간, 후춧가루 약간
대파 절임	송송 썬 대파 25g, 레몬 식초 1T 설탕 ½T, 고춧가루 약간
소스	진간장 1T, 미림 2T
단촛물	설탕 2T, 식초 2T 꽃소금 ½T, 레몬 주스 1T, 미림 1T

 유튜브 영상

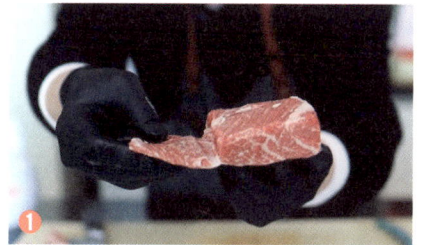

1. 갈빗살 표면의 기름을 잘라내고 2mm 두께로 얇게 썬다. 대파는 얇게 송송 썬다.
2. 소스 재료를 팬에 담고 바글바글 끓인다. 소스의 농도가 시럽처럼 걸쭉해지면 불을 끄고 충분히 식힌다.
3. 단촛물을 만들기 위해 큰 볼에 단촛물 재료를 모두 담아 잘 녹을 수 있게 섞는다.
4. 큰 볼에 밥과 단촛물(1T)를 넣어 잘 섞는다. 이때 손에 단촛물을 골고루 묻힌 다음 밥을 만지면 밥알이 손에 잘 달라붙지 않는다.
5. 밥을 적당히 집어 초밥 모양을 만든다. 손으로 밥을 꾹 누르지 않고 살짝 쥐듯이 모양을 만든다
6. 초밥을 놓을 접시에 식용유나 단촛물을 살짝 바르고 초밥을 예쁘게 담는다. 고기를 초밥 위에 올리고 소금과 후춧가루로 살짝 간을 한다.
7. 토치로 소고기 겉면을 익힌다.
8. 소스를 고기 위에 바른다. 레몬 식초, 설탕, 고춧가루에 버무린 대파 절임을 고명으로 올린다. 고추냉이, 연겨자, 홀그레인 머스터드 등을 곁들인다.

TOP
92

육즙 팡팡 떡갈비

살짝만 눌러도 육즙이 가득 흘러나오는 떡갈비를 만들어볼까요?
떡갈비 전문점에서는 가성비 때문에 비싼 꽃갈빗살을 쓰는 경우가 드뭅니다.
집이니까 이런 고급 재료도 사용할 수 있습니다.
달콤한 양념과 소고기의 감칠맛이 잘 어우러진 떡갈비, 함께 만들어봅시다.

재료(2인분)	꽃갈빗살 400g 양파 100g
양념	간장 1+½T, 설탕 1+½T 다진 마늘 1T, 후춧가루 ½t 미원 1t, 소고기 다시다 1t 참기름 ½T

유튜브 영상

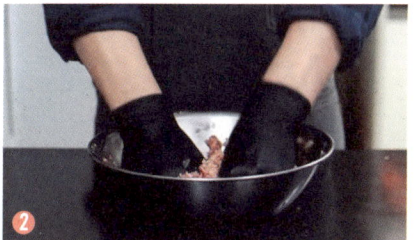

1 양파는 아주 작게 다지고, 갈빗살은 기름과 근막을 잘라내고 잘게 다져 믹서에 곱게 간다.

2 큰 볼에 고기와 양파, 양념 재료를 담아 손으로 꽉꽉 누르듯이 3분 정도 조물조물 버무린다.

3 고기를 두께 1.5cm 정도로 납작하게 눌러 동그란 모양을 만든다.

4 팬에 식용유(1T)를 둘러 약한 불로 고기를 굽는다.

5 40초에 한 번씩 뒤집는다. 이때 뒤집개로 꾹꾹 누르지 않아야 육즙이 빠져나오지 않는다.

6 양쪽을 세 번씩 구워 완성한다.

떡갈비 반죽을 두께 0.4cm 정도로 얇게 만들어 구운 다음, 햄버거 패티로 사용해도 좋습니다. 햄버거빵→얇게 썬 양파→케첩과 마요네즈→떡갈비→치즈→계란 프라이→녹인 버터→떡갈비→치즈→녹인 버터→햄버거빵 순서로 올려 햄버거를 만들어보세요. 엄지가 저절로 올라가는 맛의 명품 수제 햄버거 완성입니다.

TOP 93

분식의 꽃
불고기 김밥

흔히 먹는 평범한 김밥이 아닙니다.
새콤달콤한 파채와 달콤한 불고기를 넣은 색다른 김밥입니다.
늘 먹던 김밥을 쌀 때보다 준비할 재료도 적고 손이 덜 가는데, 훨씬 더 맛있습니다.

재료
밥 560g, 김밥용 김 적당량
소고기(불고기용) 300g
대파 혹은 쪽파 80g, 양파 50g, 깻잎 9장, 식초 1T
설탕 1+½T, 고춧가루 약간, 맛소금 2t, 볶은 참깨 ½T
미원 1t, 참기름 ½T

불고기 양념
간장 1T, 맛술 ½T, 설탕 1T, 다진 마늘 ½T, 후춧가루 약간
소고기 다시다 1t, 미원 ½t, 양파 분말 ½T, 참기름 ½T

 유튜브 영상

1. 대파는 얇게 송송 썰고 양파는 얇게 채 썬다.
2. 대파와 양파를 큰 볼에 담고 식초와 설탕, 고춧가루와 함께 잘 섞어 10분 정도 둔다.
3. 고기와 불고기 양념을 조물조물 버무린다.
4. 팬에 식용유(1T)를 둘러 고기를 볶는다. 토치가 있다면 겉면을 확실히 구워 불 향을 내도 좋다. 체에 밭쳐 고기에서 나온 기름을 걸러준다.
5. 밥에 맛소금, 참깨, 미원, 참기름을 넣어 손으로 잘 버무린다.
6. 김 위에 밥을 넓게 편다. 이때 네 면의 가장자리 1cm 정도는 남겨두는 것이 좋다.
7. 밥 아래쪽에 깻잎을 3장 겹쳐 놓고 깻잎 위에 고기를 올린다. 절인 대파와 양파를 올려 김밥을 만든다.
8. 참기름을 손에 묻혀 김밥 겉면에 바르고, 칼날에도 참기름을 살짝 발라 김밥을 예쁘게 썬다.

입맛 돋는 소라무침

골뱅이무침보다 훨씬 더 맛있는 소라무침입니다.
아하부장만의 똑 떨어지는 소스도 예술, 쫄깃쫄깃한 소라도 예술입니다.
한 번 맛보면 매일 만들어 먹고 싶은 맛입니다.

재료(2인분) 활소라 2kg, 청주 8T, 삶은 소면 약간, 얇게 채 썬 당근 30g
얇게 채 썬 양배추 50g, 얇게 채 썬 오이 50g

밑간 양념 식초 8T, 미림 8T, 설탕 4T, 생강 분말 1t

소스 굵은 고춧가루 1T, 식초 1T, 진간장 1T, 미림 ½T, 고추장 1T
소고기 다시다 1t, 미원 ½t, 설탕 1T
올리고당 혹은 물엿 2T, 연겨자 2t
타바스코 소스 2t, 볶은 참깨 ½T, 참기름 ½T

유튜브 영상

1. 소라를 흐르는 물에 깨끗하게 씻어 냄비에 담고 물을 잠길 정도로 붓는다. 청주를 부어 끓이다가 팔팔 끓기 시작하면 불을 낮춰 5분 동안 더 끓인다. 중간중간 거품을 건져낸다.
2. 소라를 건져 차가운 물에 깨끗이 씻고, 소라를 데친 물은 다시팩 위에 부어 불순물을 거른다.
3. 젓가락을 소라의 딱딱한 막과 살 사이에 넣어 살을 꺼낸다. 내장과 입은 제거하고 살만 물에 한 번 더 씻는다.
4. 밑간 양념 재료를 잘 섞은 다음 용기에 소라살과 함께 넣어 냉장 보관한다.
5. 큰 볼에 소스 재료를 잘 섞는다. 1~3일 정도 냉장 숙성하면 더 맛있다.
6. **4**의 소라살을 흐르는 물에 씻은 다음 먹기 좋게 썰고, 채 썬 당근과 양배추, 오이, 소스와 함께 골고루 버무린다. 삶은 소면을 올려 완성한다.

TOP 95

벌꿀 가득 허니 치킨

벌꿀 향이 가득한 허니 치킨입니다.
저는 닭다리를 사용했지만, 닭 허벅지살이나 손질한 닭 한 마리로 만들어도 좋습니다.
치킨의 바삭바삭한 식감과 꿀의 풍미, 레몬 엑기스의 상큼한 끝맛이 환상적입니다.

재료(2인분)	닭다리(북채) 4개 혹은 닭 절단육 900g, 소금 적당량 후춧가루 적당량, 양파 분말 적당량
튀김 반죽	치킨 튀김가루 8T, 물 8T
소스	식용유 1T, 다진 마늘 1T, 진간장 1T 양파 분말 ½T, 생강 분말 1t, 후춧가루 약간 미림 1T, 치킨스톡 ½T, 사향 벌꿀 6T 레몬 엑기스 ½T

 유튜브 영상

1 닭다리에 소금, 후춧가루, 양파 분말을 뿌려 잘 버무린다. 껍질을 벗겨 속살에도 묻힌 다음 껍질을 덮는다.

2 치킨 튀김가루와 물을 잘 섞어 튀김 반죽을 만든다.

3 튀김 기름을 센 불로 예열하다가 반죽을 몇 방울 떨어트렸을 때 보글보글 위로 떠 오르면, 닭다리에 2의 튀김 반죽을 얇게 묻혀 7분 정도 튀긴다.

4 약한 불로 줄여 닭다리를 건져낸다. 5분 동안 기다렸다가 불을 센 불로 조절해서 다시 4분 정도 튀긴 다음 건져낸다.

5 소스를 만들기 위해 팬에 식용유(1T)를 둘러 다진 마늘을 볶는다. 마늘이 하얗게 익으면 잠시 불을 끈다.

6 레몬 엑기스를 제외한 나머지 소스 재료를 모두 넣고 끓인다. 끓기 시작하면 물(4T)을 붓고 잘 젓는다. 꿀을 넣고 끓이다가 끓기 시작하면 바로 불을 끈다.

7 마지막으로 레몬 엑기스를 넣어 잘 섞는다.

8 치킨에 소스를 골고루 묻혀 완성한다.

TOP 96

얼큰이 동태탕

동태탕 전문점 못지않게 얼큰하고 감칠맛 가득한 동태탕을 만들어볼까요?
아하부장표 달래 소스에 동태살을 찍어 먹으면 '맛의 신세계'를 경험할 수 있습니다.

재료(4인분) 손질된 토막 동태 1.2kg
대구 곤이·알 적당량, 두부 1모
대파 100g, 무 500g, 청양고추 4개, 미나리 70g
다시마 1장, 감자수제비 적당량

양념 다진 마늘 2T, 고춧가루 5T, 베트남 고춧가루 1T
참치액젓 6T, 후춧가루 1t, 미원 1t, 소고기 다시다 1T

달래 소스 달래 70g, 청양 고춧가루 1T, 다진 마늘 1T
미림 3T, 참치액젓 2T, 설탕 ½T, 간장 1T, 식초 1T

  유튜브 영상

1. 동태에 남아 있는 지느러미나 비늘을 제거하고, 곤이와 알은 물에 헹궈둔다. 두부는 1cm 두께로 썬다.
2. 대파는 3cm 길이로 썰고 무는 4등분하여 얇게 썬다. 청양고추는 어슷하게 썰고, 미나리는 한 뼘 길이로 썬다.
3. 달래 소스 재료를 잘 섞는다. 달래는 듬성듬성 썰어 마지막에 넣는다.
4. 큰 냄비에 무와 다시마를 넣고 물(4L)를 부어 뚜껑을 덮고 센 불로 끓인다. 바글바글 끓으면 다시마를 건져내고 양념 재료를 넣는다.
5. 동태, 곤이, 알, 수제비, 대파, 고추를 넣고 넘치지 않을 정도의 센 불에서 바글바글 15분간 끓인다.
6. 마지막으로 두부와 미나리를 올려 완성한다. 동태살은 달래 소스에 찍어 먹는다.

TOP 97
돼지고기 순두부찌개

얼큰하고 칼칼해서 속이 확 풀리는 순두부 찌개입니다.
뚝배기에 한가득 담아내면 우리 집이 순두부찌개 전문점이 됩니다.
돼지고기 대신 바지락, 오징어 등의 해산물을 넣어도 좋습니다.

재료(1인분) 순두부 ⅔개, 다진 돼지고기 100g
양파 50g, 애호박 50g, 대파 20g
청양고추 2개, 표고버섯 1개, 다진 마늘 1T
사골 농축액 1t, 계란 1개, 화유 1t

양념 고춧가루 3T, 베트남 고춧가루 3T, 소고기 다시다 2T
혼다시 2T, 미원 1T, 꽃소금 1T, 액상 치킨스톡 1T
굴소스 1T, 간장 3T, 미림 10T, 후춧가루 1t

 유튜브 영상

1. 양파는 작게 썰고 애호박은 0.5cm 두께의 반달 모양으로 썬다. 대파와 청양고추는 얇게 송송 썰고 표고버섯은 0.5cm 두께로 썬다.
2. 큰 볼에 양념 재료를 모두 담아 잘 섞은 다음 1~3일 정도 냉장 숙성해서 사용한다.
3. 뚝배기에 물(300ml)을 붓고, 양념(1+½T)과 다진 마늘, 사골 농축액을 넣어 불을 켠다.
4. 양파, 애호박, 표고버섯, 돼지고기를 넣는다.
5. 바글바글 끓기 시작하면 순두부를 넣고 3분 정도 더 끓인다.
6. 마지막으로 계란을 깨트려 넣고 국물을 끼얹어 노른자가 살짝 익을 수 있게 한다. 대파와 고추를 얹고, 화유를 둘러 완성한다.

TOP 98

굿모닝 에그 샌드위치

별스럽지 않은 재료로 만들지만, 일단 하나를 맛보면 계속 손이 가고, 자꾸만 만들어 먹고 싶은 매력적인 샌드위치입니다. 간단한 한 끼 식사나 간식으로 즐겨 보세요.

재료(5인분)
모닝빵 5개, 양파 1개(250g)
대파 혹은 쪽파 20g
원형 슬라이스햄 5장
계란 5개, 버터 30g, 소금 1t

소스
마요네즈 8T
홀 그레인 머스터드 1T
설탕 ½T

  유튜브 영상

1 양파는 얇게 채 썰고, 대파는 작게 다진다..
2 큰 볼에 소스 재료를 모두 담고 잘 저어서 섞는다.
3 팬에 식용유(1T)를 두른 다음, 양파가 갈색으로 변할 때까지 볶는다.
4 슬라이스햄도 살짝 구워 둔다.
5 팬에 버터를 녹인 다음 계란을 깨트려 넣고 대파와 소금을 넣어 스크램블드에그를 만들 듯 잘 섞으며 부드럽게 익힌다.
6 계란이 몽글몽글 익으면 주걱으로 살짝 눌러 넓게 편다. 그런 다음 빵 크기에 맞춰 자른다.
7 빵을 반으로 잘라 소스를 양쪽 면에 바른다.
8 빵에 계란을 먼저 올리고, 볶은 양파, 구운 햄, 빵을 올려 완성한다.

TOP 99

마성의 카레 꽃게찜

일타쌍피 요리

알이 꽉 찬 암꽃게로 만든 꽃게찜입니다.
제철 꽃게는 잘 찌기만 해도 너무 맛있지만, 아하부장표 카레 소스와 함께 먹으면 지금까지 경험하지 못했던 새로운 맛에 눈뜨게 될 것입니다.

재료(2인분) 꽃게 2마리, 무 100g
청주 ½컵, 대파 뿌리 1줄기

카레 소스 무염버터 30g, 작게 썬 양파 100g
송송 썬 대파 50g, 송송 썬 청양고추 3개
다진 마늘 1T, 후춧가루 ½t, 카레 분말 1T
케첩 1T, 카이엔페퍼 혹은 고춧가루 1t
굴소스 1T, 설탕 ½T, 치킨스톡 1t
고추기름 1t, 계란 1개

▶ 유튜브 영상

1. 꽃게를 찌기 위해 큰 냄비에 물(1L)과 청주를 붓고, 4mm 두께로 얇게 썬 무와 대파 뿌리를 넣어 불을 켠다.
2. 끓기 시작하면 중간 불로 불 세기를 조절하고, 찜망이나 찜발에 꽃게를 올리고 뚜껑을 닫아 20분간 찐다. 뚜껑을 열고 불을 끈다. 이때 꽃게를 찐 물은 버리지 않고 둔다.
3. 소스를 만들기 위해 팬에 버터를 녹여 양파와 대파, 청양고추, 다진 마늘, 후춧가루를 2분 정도 볶는다.
4. 불 세기를 약하게 줄인 다음 카레 분말, 케첩, 카이엔페퍼, 고춧가루를 넣고 꽃게를 찐 물 1컵을 붓는다.
5. 설탕, 치킨스톡, 고추기름을 넣어 센 불에서 졸인다.
6. 계란을 깨트려 넣고 부드럽게 살살 풀어준다. 큰 접시에 소스를 먼저 담고 그 위에 꽃게를 올려 완성한다.

게 대신 새우로 요리하면 태국의 대표적인 음식인 '꿍팟퐁커리'로 완성할 수 있습니다. 이국적인 맛을 느끼고 싶을 때 꼭 만들어보세요.

호텔식 닭고기덮밥

칼로리가 낮아 다이어트에도 좋고, 맛도 기가 막힌 닭고기덮밥입니다.
덮밥에 어울리는 특별한 밥을 짓는 법부터 닭을 맛있게 굽는 법,
풍미 가득한 소스를 만드는 법까지 모두 알려드립니다.

재료(1인분) 닭가슴살 100g, 부추 30g, 표고버섯 3개, 소금 약간, 후춧가루 약간, 고수 20g

덮밥용 밥 백미 2컵, 찹쌀 1컵, 아하부장 닭 육수 적당량
치킨스톡 ½T, 고운 소금 ½T, 올리브유 혹은 식용유 4T, 마늘 100g

소스 재래 된장 8T, 진간장 1T, 설탕 2T, 식초 1T, 매실 엑기스 1T
레몬 엑기스 1T, 미림 1T, 청양고추 4개, 생강 5g
고수 줄기 5g, 올리고당 2T, 미원 ½T
아하부장 닭 육수 8T(247p.)

유튜브 영상

1 부추는 길게 썰고 청양고추는 큼직하게 썬다. 표고버섯과 마늘은 얇게 편썰기하고 생강은 채 썬다.

2 밥솥용 계량컵으로 백미 2컵과 찹쌀 1컵을 씻어서 밥솥에 넣고, 닭 육수를 눈금 3에 약간 모자라게 붓는다. 치킨스톡과 소금도 넣는다.

3 팬에 올리브유를 둘러 마늘을 볶다가 기름이 끓기 시작하면 불을 살짝 줄여 노릇노릇하게 구운 다음 **2**에 올려 밥을 짓는다.

4 믹서에 닭 육수를 제외한 소스 재료를 곱게 간 다음 닭 육수와 함께 잘 섞는다.

5 팬에 올리브유를 둘러 예열한 다음 닭가슴살을 굽는다.

6 닭가슴살을 앞뒤로 30초씩 구운 다음 불을 살짝 줄이고 닭 육수(4T)를 붓는다. 표고버섯과 부추를 함께 굽다가 소금과 후춧가루로 간을 한다.

7 부추는 숨이 죽으면 꺼내고 닭과 표고버섯은 닭 육수가 졸아들 때까지 굽는다.

8 밥을 접시에 평평하게 담고 부추와 표고버섯을 올린다. 소스를 적당량 붓고, 닭고기를 예쁘게 썰어 올린다. 고수를 올려 마무리한다.

부록
일타쌍피 요리

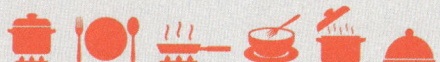

이왕 요리하는 김에 하나만 만들지 않고 여러 가지를 뚝딱 함께 만들어 내는 것이 아하부장의 특기 아니겠습니까. 〈부록〉에는 앞서 소개하지 못했던 '일타쌍피 요리'를 모았습니다. 장칼국수 재료를 준비한 김에 고추장찌개도 만들고, 육수를 낼 때 썼던 닭고기를 찜닭으로 변신시키고, 잡채를 만들다 남은 당면으로 잡채 덮밥을 만드는 등 마법 같은 레시피가 펼쳐집니다.

일타쌍피
01

김치 돼지고기 된장찌개

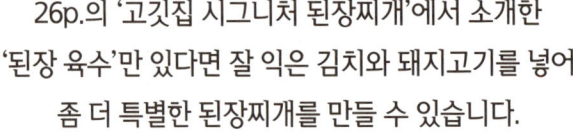

26p.의 '고깃집 시그니처 된장찌개'에서 소개한
'된장 육수'만 있다면 잘 익은 김치와 돼지고기를 넣어
좀 더 특별한 된장찌개를 만들 수 있습니다.

재료(2인분)
된장 육수 4와 ½컵
잘 익은 김치 150g
돼지고기(전지) 200g
두부 50g
애호박 100g
양파 50g
미니 새송이버섯 50g
대파 30g
청양고추 2개
고춧가루 1T

1. 두부와 애호박은 두껍게 썰고, 양파는 작게 썬다. 미니새송이 버섯은 반으로 자르고, 대파와 청양고추는 송송 썬다. 김치도 잘게 썬다.
2. 된장 육수를 냄비에 붓고, 돼지고기를 제외한 모든 재료를 넣고 끓인다.
3. 끓기 시작하면 돼지고기를 넣고 중간 불에서 10분간 더 끓여 완성한다.

일타쌍피
02

떡볶이 양념 닭볶음탕

32p.의 '특허출원 초간단 떡볶이'에서 소개한
'떡볶이 양념'으로 만드는 닭볶음탕입니다.
라면을 끓이는 것처럼 쉽게 '인생 닭볶음탕'을 완성할 수 있습니다.

재료(2인분)
닭고기(절단육) 1마리
양파 ½개
대파 50g
떡볶이 양념 5T
다진 마늘 2T

1 깊이 있는 팬에 닭을 담는다.
2 양파와 대파를 큼직하게 썰어 넣는다.
3 물(3컵)을 붓고 중간 불로 불을 켠 다음, 양념과 다진 마늘을 넣는다.
4 양념이 잘 섞일 수 있도록 주걱으로 잘 젓다가 끓기 시작하면 센 불로 바글비글 15분 정도 더 끓인다. 자박자박한 국물을 좋아한다면 5분 정도 더 끓여 완성한다.

일타쌍피 03

서산
김치찌개

36p.의 '돼지고기 김치찌개'와는 또 다른 스타일의 김치찌개입니다.
서산에서는 '돼지찌개'라고 불리는 김치찌개로,
한 번 맛보면 자꾸 생각나는 요리입니다.

재료(2-3인분)
김치 500g, 김칫국물 100g
돼지고기(전지) 300g
청양고추 2개, 대파 1뿌리
양파 ½개, 두부 ½모
송송 썬 대파 약간

양념
다진 마늘 1T
굵은 고춧가루 2T
정종 2T, 미림 2T
간장 1T, 고추장 1T
식초 1T, 소고기 다시다 1T
고추기름 1T

1. 볼에 양념 재료를 모두 담아 잘 섞는다.
2. 1에 먹기 좋은 크기로 썬 돼지고기를 잘 버무린 다음 10~20분 정도 재워둔다.
3. 팬에 식용유를 넉넉히 둘러 2의 돼지고기, 작게 썬 김치, 어슷하게 썬 청양고추와 대파, 0.5cm 두께로 썬 양파를 넣어 5분 정도 볶는다.
4. 양파가 투명해지고 고기가 어느 정도 익으면 물(700g)과 김칫국물을 넣고 끓인다. 끓기 시작하면 8분간 더 끓인다.
5. 맛을 보고 김치가 너무 익어 신맛이 난다면 설탕을 약간 더 넣고, 얇게 썬 두부를 넣는다.
6. 불을 최대한 줄이고 송송 썬 대파를 올려 완성한다.

일타쌍피 04

포장마차
국수

48p.의 '제대로 만든 잔치국수'의 5분 버전,
아주 빠르고 간단하게 완성할 수 있는
포장마차 스타일의 국수입니다.

재료(1인분)
소면 90g, 다진 김치 4T
설탕 1t, 소고기 다시다 1t
당근 50g, 애호박 50g
양파 30g, 사각 어묵 1장(40g)
다진 마늘 ½T
계란 1개, 볶은 참깨 약간
청양고추 1개, 김 가루 약간

양념
소고기 다시다 ½T
국 간장 ½T, 혼다시 1t
후춧가루 약간

1 당근, 애호박, 양파, 사각 어묵은 얇게 채 썰어둔다.
2 끓는 물에 소면을 2분 동안 삶는다. 체로 건져낸 다음 찬물에 헹궈 물기를 뺀다.
3 팬에 식용유(½T)를 두르고 다진 김치와 설탕, 다시다를 1분 정도 볶는다.
4 냄비에 물(3컵)을 부어 불을 켠다. 당근과 애호박, 양파, 어묵, 다진 마늘을 넣고 양념 재료를 모두 넣어 간을 한다. 거품은 중간중간 걷어낸다.
5 불을 끄고 계란물을 붓는다. 바로 젓지 말고 국자로 계란물을 살짝만 눌러준다.
6 삶은 소면과 **3**의 김치를 넣는다. 작게 썬 청양고추와 참깨, 김 가루를 올려 완성한다.

일타쌍피
05

초간단 족발 덮밥

58p.의 '쫀득한 전문점 족발'을 만들고 남은 육수와 족발로
'족발 덮밥'을 만들어 먹어도 정말 맛있습니다.

재료(1인분)
족발 육수 8T
얇게 썬 족발 적당량
전분물(전분 ½T+물 1T)
고수 약간

1. 물과 전분을 섞어 전분물을 만들어둔다.
2. 팬에 족발 육수와 전분물을 잘 저으며 끓인다. 육수가 졸아 끈적끈적한 소스가 될 때까지 끓인다.
3. 그릇에 밥을 담고 족발을 올린다. 그런 다음 소스를 부어 완성한다. 고수를 올려 먹어도 잘 어울린다. 58p.의 고추 식초와 함께 먹어도 맛있다.

일타쌍피
06

추억의 간짜장

66p.의 '전설의 백 년 짜장' 간단 버전입니다.
우리가 어렸을 적부터 먹어온 익숙하고 친근한 맛의 짜장입니다.

재료(1인분)
돼지고기(대패 삼겹살) 100g
식용유 1+½T
춘장 1+½T
양파 200g, 다진 마늘 ½T
전분물(전분 혹은 찹쌀가루 1t+물 2T)
참기름 ½T

양념
굴 소스 ½T
미원 ½t, 올리고당 1T

1. 양파는 작게 다지고 삼겹살도 잘게 썬다.
2. 팬에 식용유를 둘러 돼지고기를 약간 익을 때까지 볶는다.
3. 춘장을 넣고 고기와 함께 1분 정도 더 볶는다.
4. 양파와 다진 마늘을 넣어서 볶다가 양념 재료를 모두 넣는다. 이때 양파의 숨이 너무 죽지 않도록 볶는다.
5. 전분물을 넣어 잘 섞는다. 불을 끄고 참기름을 둘러 완성한다.

일타쌍피 07

순두부 고추장찌개

90p.의 '강릉식 장칼국수'와 만드는 법도, 맛도 비슷한 고추장찌개입니다.
간단한 재료로도 정말 맛있는 찌개를 뚝딱 만들어낼 수 있습니다.

재료(2인분)
순두부 1팩
대파 50g, 스팸 200g
계란 1개

양념
고운 고춧가루 ½T
설탕 1t, 후춧가루 ½t
소고기 다시다 ½T
다진 마늘 1T
진간장 1T, 고추장 1T

1. 대파는 1cm 두께로 크게 송송 썰고, 스팸은 크게 깍둑썰기한다.
2. 냄비에 대파, 스팸, 순두부를 담고 물(2컵)을 붓는다.
3. 양념 재료를 모두 넣어 보글보글 끓이면서 국자로 순두부를 크게 잘라준다.
4. 보글보글 끓고 나서 5분이 지나면 계란을 깨트려 넣는다. 계란에 국자로 국물을 끼얹어 익힌다. 3분 정도 더 끓여 완성한다.

일타쌍피
08

총각무 볶음밥

98p.의 '아삭이 총각무 김치'가 새콤하게 잘 익으면,
총각무 볶음밥도 꼭 만들어 드셔보세요.

재료(1인분)
밥 200g
김칫국물 ½컵
총각무 1개
냉동만두 5개
다진 마늘 ½T
설탕 ½T
소고기 다시다 1t
후춧가루 약간
참기름 약간
송송 썬 대파

1. 팬에 물(½컵)과 김칫국물을 붓고 총각무를 먹기 좋은 크기로 썰어 넣고 불을 켠다.
2. 냉동만두, 다진 마늘, 설탕, 다시다, 후춧가루를 넣어 끓인다. 끓기 시작하면 5분간 더 끓인다.
3. 만두를 주걱으로 으깨서 속이 밖으로 나오도록 한다.
4. 밥을 넣고 잘 섞은 다음 참기름을 약간 두른다. 송송 썬 대파를 올려 완성한다.

일타쌍피 09

10분 완성 찜닭

110p.의 '닭 한 마리 칼국수'의 육수를 낼 때 사용했던 닭고기를
맛있는 찜닭으로 변신시켜 봅시다.

재료(2인분)
닭 800g
닭 육수 3컵
당면 적당량
양파 150g, 양배추 적당량
감자 100g, 고추기름 1T
참기름 ½T

양념
설탕 2T, 베트남 고추 15개
후춧가루 ½t, 미원 1t
치킨스톡 ½T, 간장 3T
굴 소스 1T, 다진 마늘 1T

1. 양파와 양배추는 얇게 채 썰고, 감자는 5mm 두께로 썬다.
2. 팬에 닭과 육수를 담고, 양파와 양배추, 감자를 넣어 센 불로 끓인다.
3. 양념 재료를 모두 넣어 잘 섞은 다음 끓기 시작하면 7분 더 끓인다. 색을 더 진하게 내고 싶다면 노두소스를 넣는다.
4. 고추기름과 참기름을 두른 다음 면을 넣고 잘 섞어 완성한다.

> 일타쌍피
> 10

일품 잡채 덮밥

130p.의 '한정식집 잡채'를 만들 때 남겨뒀던 당면과 돼지고기로
아하부장 스타일의 독특한 덮밥을 만들어보겠습니다.

재료(1인분)
삶아서 기름에 버무린 당면 30g
돼지고기 50g
부추 80g, 스팸 80g
대파 약간
표고버섯 3개
계란 3개
다진 마늘 ½T, 고추기름 ½T
진간장 ½T, 굴소스 1T
설탕 ½T, 미원 1t
후춧가루 약간, 치킨스톡 1t

1. 부추는 반으로 자르고, 스팸과 대파는 얇게 채 썬다. 표고버섯도 가늘게 썬다.
2. 계란을 잘 풀어서 계란물을 만든다.
3. 팬에 식용유(1T)를 둘러 돼지고기와 스팸, 표고버섯을 먼저 볶는다. 그런 다음 다진 마늘과 고추기름을 넣어 마늘이 익을 때까지 볶는다.
4. 진간장을 넣어 잘 섞은 다음, 당면을 넣고 물(180ml)을 붓는다. 굴소스, 설탕, 미원, 후춧가루, 치킨스톡을 넣어 잘 섞는다.
5. 부추와 대파를 계란물에 적신 다음 **4**에 잘 펴서 올리고 남은 계란물을 붓는다. 뚜껑을 덮고 약한 불로 2분간 익힌다.
6. 그릇에 밥과 함께 담는다. 고추기름이나 참기름을 살짝 둘러 먹어도 맛있다.

일타쌍피 11

게살 계란 수프

140p.의 '고깃집 폭탄 계란찜'과 같이 만들면 좋은 게살 계란 수프입니다.
중국집에서 먹는 게살 수프 못지않게 부드럽고 맛있는 수프입니다.

재료(2인분)
계란 2~4개
게맛살 140g
다진 마늘 ½T
미원 ½t
치킨스톡 ½T
맛소금 ½t
전분물(전분 1T+물 2T)
참기름 약간

1. 계란은 잘 풀어 계란물을 만들고, 게맛살은 손으로 잘게 찢는다.
2. 냄비에 물(3컵)을 붓고 게맛살, 다진 마늘, 미원, 치킨스톡, 맛소금을 넣어 끓인다.
3. 끓기 시작하면 위로 뜨는 거품을 건져낸다.
4. 전분과 물을 잘 섞어 전분물을 만든다.
5. 불을 세게 올리고, 계란물을 네 번에 나눠 넣으며 잘 젓는다. 계란물을 모두 부은 다음 30초 정도 더 젓는다.
6. 전분물을 두 번에 나눠 넣고 잘 섞은 다음 불을 끈다. 참기름을 살짝 둘러 완성한다.

일타쌍피 12

태국식 공심채 볶음

188p.의 '색다른 맛 태국식 덮밥'만 만들기 아쉬워서
아하부장이 정말 좋아하는 태국식 요리 하나를 더 선물합니다.
공심채 대신 시금치나 아욱으로 만들어도 좋습니다.

재료(1인분)
공심채(모닝글로리) 300g
말린 베트남 고추 15개
통마늘 5개

양념
설탕 1T, 미원 1t
굴 소스 1T, 태국 된장 1T
고추기름 ½T

1. 베트남 고추는 뜨거운 물에 5~10분간 불린 다음, 3개는 3등분 하고 나머지는 그대로 쓴다. 통마늘은 칼등으로 꾹꾹 눌러준다.
2. 양념 재료를 모두 섞는다.
3. 팬에 식용유(1T)를 둘러 센 불로 예열한 다음 공심채와 마늘, 고추, 양념, 물(4T)를 넣어 잘 섞으며 2분 정도 볶는다.
4. 공심채의 숨이 숙으면 물(4T)을 추가하고, 1분 정도 더 볶아 완성한다.

일타쌍피 13

마성의 꽃게탕

228p.의 '마성의 카레 꽃게찜'을 만들 때 꽃게 하나만
남겨뒀다가 맛있는 꽃게탕도 만들어보세요.
제철 꽃게를 준비한 김에 찜도 먹고 탕도 먹으면 더 좋으니까!

재료(2인분)
꽃게 1마리
무 200g, 감자 100g
대파 35g, 청양고추 1개
다진 마늘 1T, 다시마 1조각

양념
재래 된장 1T
고춧가루 2T, 후춧가루 ½t
소고기 다시다 1T

1. 무와 감자는 4mm 두께로 작게 썰고, 대파와 청양고추는 어슷하게 썬다.
2. 냄비에 물(3컵)을 붓고 무, 감자, 대파, 청양고추, 다진 마늘, 다시마를 넣고 물이 끓을 때까지 기다린다.
3. 꽃게의 뚜껑을 떼어내 반으로 자른다.
4. 2가 끓으면 다시마만 건져내고 양념 재료를 모두 넣어 잘 풀어준다.
5. 꽃게를 넣고 뚜껑을 닫아 중간 불에서 15분간 끓인다.

기본 육수

아하부장 닭 육수

닭 육수를 끓여 물 대신 사용하면 여러분의 요리를
한 단계 업그레이드할 수 있습니다.
손질된 닭을 써도 좋고, 닭 뼈로만 육수를 내도 좋습니다.

재료

손질된 닭(절단육) 1마리
대파 50g, 생강 30g
말린 대추 약 10개
다시마 10g, 말린 황태 30g
건고추 5g, 통후추 1T
말린 표고버섯 5개
마늘 200g

1 냄비에 물(7L)을 붓고, 흐르는 물에 씻은 닭과 나머지 재료를 중간 불로 끓인다.
2 20분 정도 끓이며 중간중간 거품을 건져낸다.
3 건더기는 건져서 버리고 닭 육수만 체에 거른 다음 실온에서 충분히 식힌다.
4 한 번 사용할 양만큼 소분하여 냉동 보관하며 다양한 요리에 활용한다.

아하부장의 맛

초판 1쇄 발행	2021년 11월 11일
초판 2쇄 발행	2021년 11월 17일

지은이	아하부장(김광용)
펴낸이	정상희
책임편집	한지윤
디자인	Desig 신정난 호예원
마케팅	임정진 김다영 정단비

펴낸곳	프롬비
등록	제 406-2019-000050호
주소	10881 경기 파주시 문발로 140, 502호
전화	(031) 944-2075
팩스	(050) 7088-1075
전자우편	jsh314@our-desig.com
포스트	http://naver.me/F3exA7Z0

ISBN	979-11-88801-10-7 (13590)

○ 이 책은 저작권법에 따라 보호받는 저작물이므로 무단전재와 무단복제를 금합니다.
○ 책값은 뒤표지에 있습니다. 잘못된 책은 바꾸어 드립니다.